一生ものの表現力が身につく

にゃんことわざ・慣用句

つむチャンネル。
監修 吉田裕子

JN015466

日本文芸社

はじめに

2019年《ねん》に生《う》まれたYouTube動画《どうが》、『つむチャンネル』。この動画《どうが》は、小《ちい》さな小《ちい》さなスコティッシュフォールドの女《おんな》の子《こ》、つむがやってくるところから始《はじ》まりました。

さみしがり屋《や》で飼《か》い主《ぬし》さんが大好《だいす》きなつむは、すくすくと大《おお》きくなり、やがて結婚《けっこん》。最愛《さいあい》の息子《むすこ》たち、マロ、むぎが生《う》まれます。飼《か》い主《ぬし》さんの手《て》のひらに乗《の》ってしまうほど小《ちい》さな赤《あか》ちゃんだったマロ、むぎも元気《げんき》に成長《せいちょう》し、今《いま》ではすっかり大人《おとな》になりました。

じゃれ合《あ》ったり、飼《か》い主《ぬし》さんに甘《あま》えたり、人間《にんげん》の赤《あか》ちゃんを見守《みまも》ったり、おやつに目《め》を輝《かがや》かせたり……そんな3匹《びき》のにゃんこたちの愛《あい》くるしい姿《すがた》が、日々《ひび》、視聴者《しちょうしゃ》さんの心《こころ》を捉《とら》えています。

この本《ほん》はそんなかわいいにゃんこたちを愛《め》でながら、ことわざ・慣用句《かんようく》を学《まな》べる一冊《いっさつ》です。

人々《ひとびと》が生活《せいかつ》するなかで生《う》まれた「ことわざ」「慣用句《かんようく》」は、暮《く》らしのなかで役立《やくだ》つ知識《ちしき》を教《おし》えてくれたり、教訓《きょうくん》、戒《いまし》めや風刺《ふうし》、注意喚起《ちゅういかんき》の役割《やくわり》を持《も》っていたりする言葉《ことば》たち。そこには、先人《せんじん》たちの知恵《ちえ》が詰《つ》まっています。

たとえば「にゃんこがかわいい」と伝《つた》えたいとき、そのまま伝《つ》えてももちろんよいけれど、「にゃんこを目《め》に入《い》れても痛《いた》くない」と言《い》うことで、その愛情《あいじょう》はもっと伝《つた》わりやすくなるでしょう。

また は、「すごく忙《いそが》しい」と言《い》いたいとき、「猫《ねこ》の手《て》も借《か》りたい」と言《い》うことで、一層《いっそう》、大変《たいへん》な状況《じょうきょう》が伝《つた》わります。

こんなふうに、ことわざ・慣用句《かんようく》を上手《じょうず》に使《つか》うことは、言葉《ことば》に彩《いろど》りを添《そ》え、表現《ひょうげん》を豊《ゆた》かにしてくれるのです。

本書《ほんしょ》ではそんなことわざ・慣用句《かんようく》を楽《たの》しく身《み》につけられるように工夫《くふう》し、愛《あい》らしいにゃんこの写真《しゃしん》と、そこから連想《れんそう》される言葉《ことば》をあわせて掲載《けいさい》しました。

にゃんこの姿《すがた》に、キュンとしたり、くすっと笑《わら》ったり、ほっこりしたりしながら、楽《たの》しく「言葉《ことば》の力《ちから》」を高《たか》めることができます。

さあ、3匹《びき》と一緒《いっしょ》に楽《たの》しく勉強《べんきょう》し、一生《いっしょう》ものの表現力《ひょうげんりょく》を身《み》につけましょう。

日本文芸社《にほんぶんげいしゃ》　編集部《へんしゅうぶ》

つむチャンネル。の仲間たち

さみしがり屋で甘えん坊のママ。

運動好きのわんぱくボーイ。

いつもやさしく兄弟思い。

目《もく》次《じ》

3章 暮《く》らしの知恵《ちえ》を表《あらわ》すことわざ・慣用句《かんようく》

ふむふむ

この本《ほん》の使《つか》い方《かた》

ことわざ・慣用句《かんようく》を、『つむチャンネル。』のにゃんこの写真《しゃしん》でわかりやすく紹介《しょうかい》しています。
小《ちい》さなお子《こ》さんがひとりでも読《よ》めるように、すべての漢字《かんじ》にふりがなをふっています。

言葉《ことば》
このページで覚《おぼ》えられる、ことわざ、慣用句《かんようく》、故事成語《こじせいご》です。

意味《いみ》
言葉《ことば》の意味《いみ》を紹介《しょうかい》しています。

使《つか》い方《かた》
言葉《ことば》をどのように使《つか》ったらよいのかを、例文《れいぶん》とともに紹介《しょうかい》しています。

船頭多くして船山に上る
指図する人が多すぎると、物事がとんでもない方向に進んでいくことのたとえ。
みんなが勝手なことを言うから、今日何をして遊ぶのかが決まらない。これでは船頭多くして船山に上るだよ。
空き箱で遊びたい。
猫じゃらしで遊びたい。
ひなたぼっこしたい。
一を聞いて十を知る
一部分を聞いただけで全体を理解する。
目から鼻へ抜ける
マロは一を聞いて十を知るほどの賢さだ。
僕、わかっちゃった！
58
59

関連語
このページで取《と》り上《あ》げている言葉《ことば》に関連《かんれん》する言葉《ことば》を紹介《しょうかい》しています。

由来
言葉《ことば》の元《もと》の意味《いみ》や、どこからきた言葉《ことば》なのかなどを紹介《しょうかい》しています。
※この本《ほん》で紹介《しょうかい》している由来《ゆらい》は一説《いっせつ》です。

類 類義語《るいぎご》。似《に》た意味《いみ》の言葉《こと》を紹介《しょうかい》しています。

対 対義語《たいぎご》。反対《はんたい》の意味《いみ》の言葉《ことば》を紹介《しょうかい》しています。

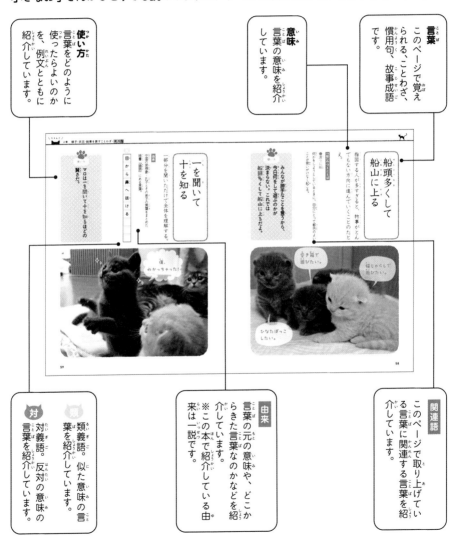

1章

気持《きも》ち・言動《げんどう》を表《あらわ》すことわざ・慣用句《かんようく》

頭《あたま》が上《あ》がらない

相手《あいて》の世話《せわ》になっていたり、実力差《じつりょくさ》がありすぎたりして、引《ひ》け目《め》を感《かん》じるため、対等《たいとう》にふるまえない。

足《あし》を向《む》けて寝《ね》られない

使い方

飼《か》い主《ぬし》さんにはいつもかわいがってもらっているから、**頭《あたま》が上《あ》がらない**。

いつも
ありがとうございます。
ペコッ

あぐらをかく

自分《じぶん》の地位《ちい》や人気《にんき》にいい気《き》になって、のんきに、ずうずうしくかまえる。

由来
正座《せいざ》に比《くら》べて、あぐらが楽《らく》な座《すわ》り方《かた》であることから。

使い方

彼《かれ》は自分《じぶん》のかわいさにあぐらをかいて、いつもいばった態度《たいど》をとる。

僕《ぼく》はかわいいから
何《なに》をしても
許《ゆる》されるのだ。
でん

寝《ね》耳《みみ》に水《みず》

突然《とつぜん》の出来事《できごと》に驚《おどろ》くことのたとえ。

由来

寝《ね》ているときに耳《みみ》に水《みず》が入《はい》ってきて驚《おどろ》くことから。
また、寝《ね》ているときに突然《とつぜん》、水《みず》の音《おと》が聞《き》こえてきて、びっくりすることから。

類

青天《せいてん》の霹靂《へきれき》

藪《やぶ》から棒《ぼう》

使い方

昨日《きのう》もおふろに入《はい》ったのに今日《きょう》も入《はい》らないといけないだなんて、寝耳《ねみみ》に水《みず》だよ！

気《き》が気《き》でない

心配事《しんぱいごと》や気《き》になることがあって落《お》ち着《つ》かない。

使い方

ふとしたはずみで子《こ》どもたちが外《そと》に出《で》てしまわないか、気《き》が気《き》でない。

外《そと》に出《で》ちゃ
だめでしょ!
ヨイショ
ヨイショ

牙《きば》をむく

相手《あいて》に敵意《てきい》や怒《いか》りを強《つよ》く表《あらわ》す。

使い方

ミルクを飲《の》んでいる子猫《こねこ》たちの邪魔《じゃま》をするので、母猫《ははねこ》が牙《きば》をむいた。

ガーーー

途方《とほう》に暮《く》れる

どうしたらよいのかわからなくなり、困《こま》りきってしまう。

由来
「途方《とほう》」は進《すす》むべき方向《ほうこう》や方法《ほうほう》、手段《しゅだん》を意味《いみ》し、「暮《く》れる」は困《こま》って判断《はんだん》ができなくなることを意味《いみ》する。

使い方
段《だん》ボールで遊《あそ》んでいたら外《そと》に出《で》られなくなってしまい、**途方《とほう》に暮《く》れる。**

出《で》られなく
なっちゃった…。

首《くび》をかしげる

考《かんが》えてもよくわからないことがあって、首《くび》をかたむける。

使い方

「今日《きょう》はおやつの量《りょう》が少《すく》ない気《き》がする…。何《なに》か悪《わる》いことをしちゃったかな?」と首《くび》をかしげた。

手《て》塩《しお》にかける

自《じ》分《ぶん》で世《せ》話《わ》をして、大《たい》切《せつ》に育《そだ》てる。

使い方

生《う》まれたての子猫《こねこ》を、手《て》塩《しお》にかけて育《そだ》てる。

馬《うま》が合《あ》う

気《き》が合《あ》う。
互《たが》いに気心《きごころ》が合《あ》い、落《お》ち着《つ》く。

由来
馬《うま》と乗《の》り手《て》との息《いき》がぴったり合《あ》うことから。

類 意《い》気《き》投《とう》合《ごう》

対 反《そ》りが合《あ》わない

使い方

飼《か》い主《ぬし》さんとは
本当《ほんとう》に**馬《うま》が合《あ》う**から、
いつも甘《あま》えたいタイミングで
なでなでしてくれる。

目《め》を見《み》張《は》る

すぐれたものを見《み》て目《め》を大《おお》きく開《ひら》いて感心《かんしん》したり、驚《おどろ》いたりする。怒《おこ》るようすにも。

使い方

子猫《こねこ》が披露《ひろう》してくれたすばらしい芸《げい》に、**目《め》を見《み》張《は》った。**

す、すごい…！

我《われ》を忘《わす》れる

あることに引《ひ》きつけられて夢中《むちゅう》になる。

使い方

おなかが空《す》いていた子猫《こねこ》たちは、**我《われ》を忘《わす》れて**ミルクを飲んだ。

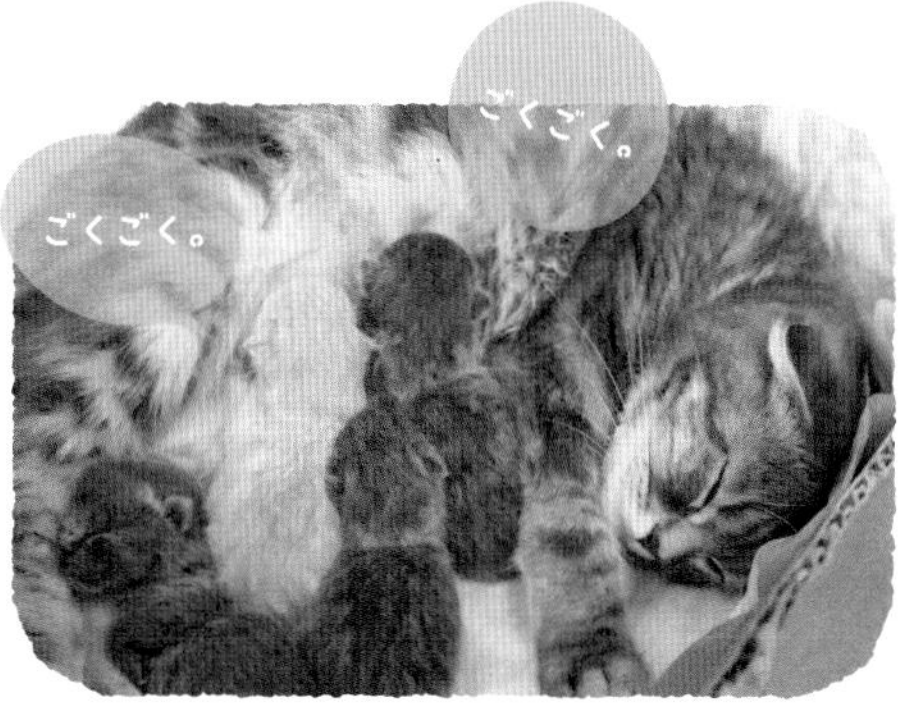
ごくごく。
ごくごく。

涙《なみだ》をのむ

涙《なみだ》が出《で》そうになるのをこらえる。非常《ひじょう》につらいことや悔《くや》しいことを我慢《がまん》する。

「涙」のつくことば

●鬼《おに》の目《め》にも涙《なみだ》
鬼《おに》のように思《おも》いやりのない人《ひと》でも、ときには涙《なみだ》を流《なが》すこともある。

使い方

飼《か》い主《ぬし》さんがおでかけするのを、**涙《なみだ》をのんで**見送《みおく》った。

わかったよ…
さみしいけど
一人《ひとり》でお留守番《るすばん》
がんばるもん…！
うるうる

目《め》を奪《うば》う

すばらしさや美《うつく》しさ、めずらしさなどで、注意《ちゅうい》を引《ひ》きつける。

使い方

窓《まど》の外《そと》の美《うつく》しい夕日《ゆうひ》に、猫《ねこ》たちは目《め》を奪《うば》われた。

腹《はら》に据《す》えかねる

怒《いか》りをおさえることができない。

由来

「据《す》えかねる」は、我慢《がまん》できないという意味《いみ》から。

類 腹《はら》の虫《むし》が収《おさ》まらない

使い方

ミルクを飲《の》んでいるのにちょっかいを出《だ》されるのは、腹《はら》に据《す》えかねるものがある。

邪魔しないで
ほしいにゃ!

さじを投《な》げる

①物事《ものごと》がよくなる見込《みこ》み、うまくいく可能性《かのうせい》がないため、諦《あきら》める。
②医者《いしゃ》が病人《びょうにん》の治療《ちりょう》を諦《あきら》めて、見放《みはな》す。

由来

「さじ」はスプーンのこと。医者《いしゃ》が薬《くすり》を調合《ちょうごう》するさじを投《な》げ出《だ》すという意味《いみ》から。

使い方

①むぎは一生懸命《いっしょうけんめい》、毛《け》づくろいをしていたが、換毛期《かんもうき》は結局《けっきょく》すぐに毛《け》が抜《ぬ》けるので、やがて**さじを投《な》げた**。

腰《こし》が重《おも》い

面倒《めんどう》だったり、その気《き》にならなかったりして、なかなか動《うご》こうとしない。

類

気《き》が乗《の》らない

使い方

ふかふかのソファーが気持《きも》ちいい。お散歩《さんぽ》にも行《い》きたいけど、**腰《こし》が重《おも》い**な。

目《め》は口《くち》ほどに物《もの》を言《い》う

感情《かんじょう》を込《こ》めた目《め》の動《うご》きは、口《くち》で話《はな》すのと同《おな》じくらい気《き》持《も》ちを伝《つた》える。

使い方

「忙《いそが》しくて遊《あそ》べない」と言《い》うと、さすが目《め》は口《くち》ほどに物《もの》を言《い》う、目《め》から残念《ざんねん》がっているのが伝《つた》わってきた。

後《うし》ろ髪《がみ》を引《ひ》かれる

残念《ざんねん》な気《き》持《も》ちや心残《こころのこ》りがあり、先《さき》に進《すす》めない。

使い方

まだまだ遊《あそ》びたかったが、後《うし》ろ髪《がみ》を引《ひ》かれる思《おも》いで、その場《ば》を去《さ》った。

心《こころ》を奪《うば》われる

おもしろいことやすばらしいことなどに夢中《むちゅう》になる。

「心」のつくことば

●**心《こころ》が弾《はず》む**

うきうきした気持《きも》ちになる。

●**心《こころ》が重《おも》い**

嫌《いや》なことや悲《かな》しいことがあって気持《きも》ちが晴《は》れない。

使い方

かわいいアヒルに、すっかり心《こころ》を奪《うば》われる。

じーーーっ

鼻《はな》が高《たか》い

得意《とくい》そうにする。誇《ほこ》らしい。自慢《じまん》したいと思《おも》う。

使い方

後《うし》ろ足《あし》でだけで立《た》てて、鼻《はな》が高《たか》い。

一人《ひとり》で立《た》ててすごいでしょ！
えへん

口《くち》を濁《にご》す

はっきり言《い》ってしまうと都合《つごう》の悪《わる》いことを曖昧《あいまい》に言《い》う。「言葉《ことば》を濁《にご》す」とも言《い》う。

使い方

「誰《だれ》が袋《ふくろ》を破《やぶ》ったの？」と飼《か》い主《ぬし》さんが尋《たず》ねると、むぎは口《くち》を濁《にご》した。

あ、いや、これは…
もごもご
誰《だれ》がやったの!?
Kal Kan
カルカン

喉《のど》から手《て》が出《で》る

非常《ひじょう》に欲《ほ》しがるようすのたとえ。

由来
二本《にほん》の手《て》だけでは足《た》りず、喉《のど》からも手《て》が出《で》るほど欲《ほ》しいということから。

使い方

喉《のど》から手《て》が出《で》るほど、家《いえ》の外《そと》に出《で》たいという気持《きも》ちが強《つよ》い。

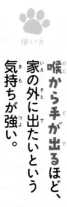

大船《おおぶね》に乗《の》ったよう

頼《たよ》りになる者《もの》に任《まか》せきって、大《おお》きな船《ふね》に乗《の》っているときのように安心《あんしん》しているようす。

使い方

外《そと》では雷《かみなり》がゴロゴロ鳴《な》っているけど、飼《か》い主《ぬし》さんの腕《うで》のなかにいるから、**大船《おおぶね》に乗《の》ったよう**な気分《きぶん》だ。

ここにいれば
安心《あんしん》。

目《め》に入《い》れても痛《いた》くない

たいへんかわいがっているようす。

使い方

飼《か》い主《ぬし》さんは、**目《め》に入《い》れても痛《いた》くない**ほど猫《ねこ》たちをかわいがっている。

脇《わき》目《め》も振《ふ》らず

ほかのことに気《き》を取《と》られないで、一《ひと》つのことだけに熱中《ねっちゅう》するようす。

使い方

朝《あさ》から晩《ばん》まで、脇《わき》目《め》も振《ふ》らずに綿《わた》のおもちゃで遊《あそ》び続《つづ》ける。

しびれを切《き》らす

長時間《ちょうじかん》待《ま》たされて我慢《がまん》できなくなる。

使い方

飼《か》い主《ぬし》さんとかくれんぼをしていたが、全然《ぜんぜん》見《み》つけてくれないので、しびれを切《き》らして顔《かお》を出《だ》してしまった。

胸《むね》をなで下《お》ろす

気《き》がかりだったことが解決《かいけつ》して、安心《あんしん》する。

類

肩《かた》の荷《に》がおりる

胸《むね》のつかえがとれる

使い方

家《いえ》のなかで迷子《まいご》になっていた子猫《こねこ》が見《み》つかって、**胸《むね》をなで下《お》ろした。**

腰《こし》が低《ひく》い

人《ひと》に対《たい》してえらそうにしない。控《ひか》えめで丁寧《ていねい》である。

類　頭《あたま》が低《ひく》い

対　頭《ず》が高《たか》い

使い方

つむは飼《か》い主《ぬし》さんに対《たい》して、いつも**腰《こし》が低《ひく》い**。

いつも
なでなでしてくれて
ありがとうございます。

心《こころ》を鬼《おに》にする

かわいそうだと思《おも》いながらも、相手《あいて》のためと思《おも》って厳《きび》しい態度《たいど》をとる。

「鬼」のつくことば

●鬼《おに》に金棒《かなぼう》
強《つよ》い者《もの》がよい条件《じょうけん》を得《え》て、さらに強《つよ》くなる。

●鬼《おに》の居《い》ぬ間《ま》に洗濯《せんたく》
厳《きび》しく注意《ちゅうい》する人《ひと》や怖《こわ》い人《ひと》がいない間《あいだ》に、安心《あんしん》してのんびりする。

使い方

普段《ふだん》は甘《あま》やかしているが、ときには心《こころ》を鬼《おに》にして子《こ》どもを叱《しか》る。

ほんと
ごめんにゃさい……。
ダメ
でしょ!

肩《かた》で風《かぜ》を切《き》る

肩《かた》に力《ちから》を入《い》れて威張《いば》って歩《ある》くようす。得意《とくい》そうにふるまうようす。

使い方

むずかしい迷路《めいろ》を脱出《だっしゅつ》したつむは、肩《かた》で風《かぜ》を切《き》って歩《ある》いている。

現《うつつ》を抜《ぬ》かす

あることに夢中《むちゅう》になって、本心《ほんしん》を失《うしな》う。あるものに熱中《ねっちゅう》する。

使い方

新《あたら》しい蛙《かえる》のおもちゃに現《うつつ》を抜《ぬ》かす。

肝《きも》に銘《めい》じる

心《こころ》に深《ふか》く刻《きざ》みつけて、常《つね》に忘《わす》れないようにする。

「肝」のつくことば

●肝《きも》が据《す》わる
落《お》ち着《つ》いていて、驚《おど》いたり慌《あわ》てたりしない。

●肝《きも》をつぶす
非常《ひじょう》に驚《おどろ》く。

使い方

飼《か》い主《ぬし》さんから注意《ちゅうい》を受《う》けたことを肝《きも》に銘《めい》じて、これからは気《き》をつけよう。

次《つぎ》からは失敗《しっぱい》しません。
キリリ

虫《むし》の居所《いどころ》が悪《わる》い

いつもと違《ちが》って機嫌《きげん》が悪《わる》く、怒《おこ》りっぽい。

使い方

今日《きょう》のマロは**虫《むし》の居所《いどころ》が悪《わる》い**のか、なでさせてくれない。

背《せ》を向《む》ける

①無関心《むかんしん》でとりあわない態度《たいど》をとる。
②さからう。

使い方

②飼《か》い主《ぬし》さんの言《い》うことに**背《せ》を向《む》ける**。

膝《ひざ》を交《まじ》える

互《たが》いに近《ちか》づいて親《した》しく話《はな》し合《あ》う。

使い方

今日《きょう》は何《なに》をして遊《あそ》ぼうかと、**膝《ひざ》を交《まじ》えて**話《はなし》をする。

白《しろ》い目《め》で見《み》る

人《ひと》や物事《ものごと》を冷《つめ》たい目《め》つきで見《み》る。冷《つめ》たく扱《あつか》う。

使い方

うとうとしているマロのおなかをモフろうとしたら、**白《しろ》い目《め》で見《み》られた。**

身《み》を粉《こ》にする

苦労《くろう》することを嫌《いや》がらずに一生懸命《いっしょうけんめい》に働《はたら》く。

骨《ほね》身《み》を削《けず》る

身《み》を砕《くだ》く

身《み》を削《けず》る

使い方

もふもふのクッションでくつろぐひとときのために、**身《み》を粉《こ》にして**準備《じゅんび》をした。

よいしょ、よいしょ。
せっせ
せっせ

ねじが緩《ゆる》む

緊張《きんちょう》が緩《ゆる》んでだらしなくなる。

使い方

春《はる》のぽかぽかした気候《きこう》に、思《おも》わずねじが緩《ゆる》んでしまう。

顔色《かおいろ》をうかがう

相手《あいて》の表情《ひょうじょう》から、その人《ひと》の気持《きも》ちや機嫌《きげん》のよし悪《あ》しを察《さっ》する。

使い方

イタズラをして怒《おこ》られてしまったあとで、飼《か》い主《ぬし》さんの顔色《かおいろ》をうかがう。

頬《ほお》が落《お》ちる

食《た》べ物《もの》がたいへんおいしいようすのたとえ。

「頬」のつくことば

● 頬《ほお》を膨《ふく》らます
不満《ふまん》な気持《きも》ちを顔《かお》に表《あらわ》す。

● 頬《ほお》を染《そ》める
恥《は》ずかしくて顔《かお》を赤《あか》くする。

使い方

はじめて食《た》べたおやつが
頬《ほお》が落《お》ちるほどおいしかった。

足《あし》がすくむ

恐怖《きょうふ》や緊張《きんちょう》で足《あし》がこわばり、自由《じゆう》に動《うご》かなくなる。

類

二《に》の足《あし》を踏《ふ》む

腰《こし》が引《ひ》ける

使い方

水《みず》が苦手《にがて》なつむ。湯船《ゆぶね》に浸《つ》かろうとすると足《あし》がすくんでしまう。

お風呂《ふろ》こわい…。
ブルブル

開《あ》いた口《くち》が塞《ふさ》がらない

相手《あいて》の態度《たいど》や言葉《ことば》がばからしくて、あきれてものが言《い》えない。

二《に》の句《く》が継《つ》げない

使い方

兄弟《きょうだい》が自分勝手《じぶんかって》なふるまいばかりするので、開《あ》いた口《くち》が塞《ふさ》がらない。

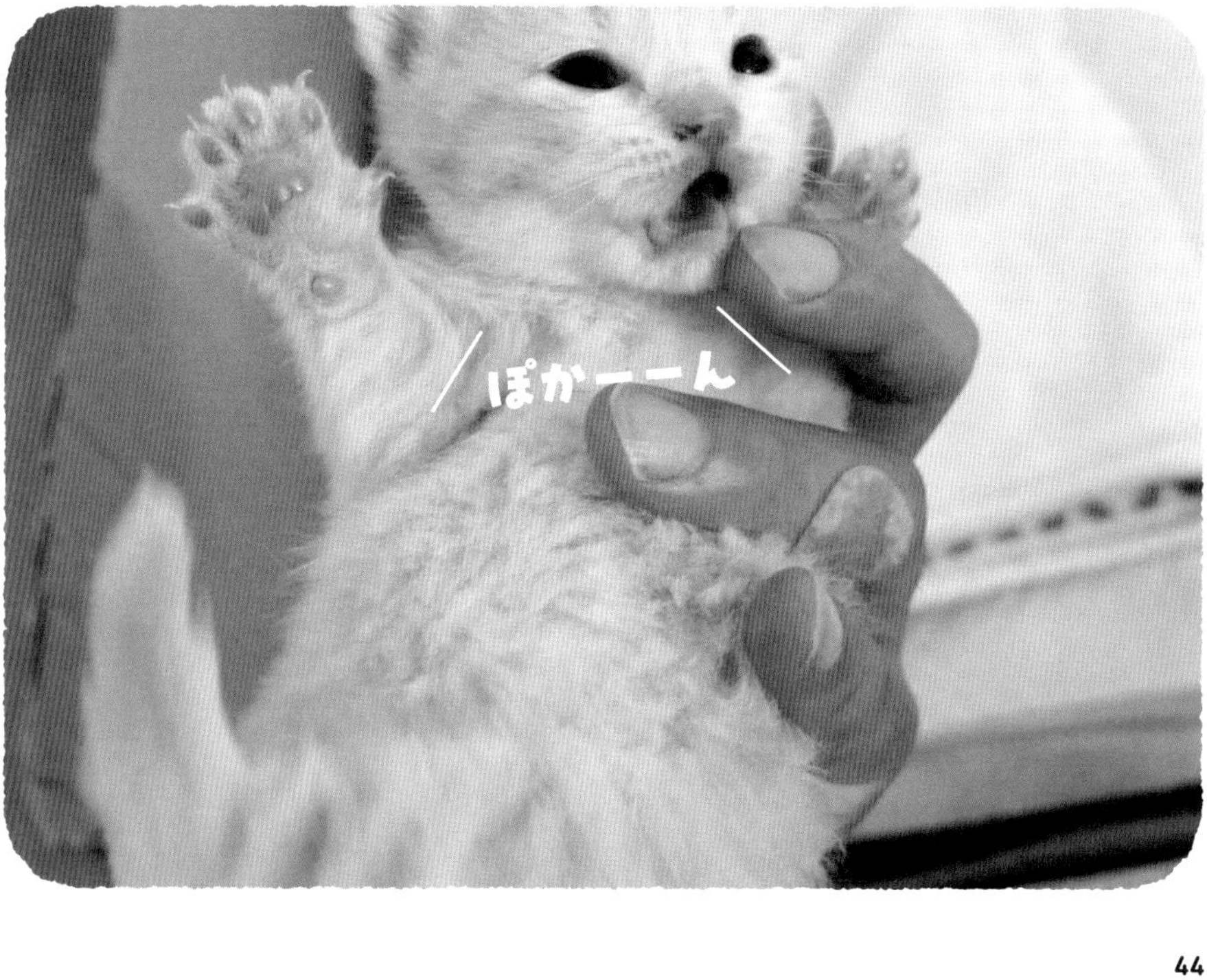

きまりが悪《わる》い

なんとなく恥《は》ずかしくて落《お》ち着《つ》かない。

使い方

ティッシュで遊《あそ》んでいたら部屋中《へやじゅう》を散《ち》らかしてしまったので、**きまりが悪《わる》い。**

すみません…。
しゅん

舌《した》を巻《ま》く

何《なに》も言《い》えなくなるほど、非常《ひじょう》に驚《おどろ》いたり感心《かんしん》したりする。

使い方

飼《か》い主《ぬし》さんのマッサージが上手《じょうず》で、**舌《した》を巻《ま》いた。**

マッサージ
うますぎる…！
!?

目《め》がない

①物事《ものごと》を正《ただ》しく判断《はんだん》する力《ちから》がない。
②何《なに》かがたいへん好《す》きで、夢中《むちゅう》になる。

対
目《め》が利《き》く
目《め》が高《たか》い

使い方

②猫《ねこ》たちはおやつに**目《め》がない**。

にぼし
チップスだぁ!!
ごくり

腑《ふ》に落《お》ちない

納得《なっとく》できない。わからない。

由来「腑《ふ》」とは内臓《ないぞう》を指《さ》す言葉《ことば》。ここでは心《こころ》という意味《いみ》で使《つか》われる。

使い方

悪《わる》さをしたのはマロなのに、僕《ぼく》が怒《おこ》られてどうしても腑《ふ》に落《お》ちない。

根《ね》に持《も》つ

あることを深《ふか》く恨《うら》んで、いつまでも忘《わす》れない。

使い方

むぎとマロは、この前《まえ》お風呂《ふろ》に無理《むり》やり入《はい》らされたことを根《ね》に持《も》っている。

目《め》を光《ひか》らす

あやしいとにらんで、厳《きび》しく見張《みは》る。監視《かんし》を厳重《げんじゅう》にする。

使い方

自分《じぶん》のおやつが取《と》られないかと、**目《め》を光《ひか》らせ**ている。

手《て》を上《あ》げる

①殴《なぐ》ろうとして手《て》をふり上《あ》げる。
②降参《こうさん》する。お手上《てあ》げ。
③上達《じょうたつ》する。うまくなる。

使い方

②飼《か》い主《ぬし》さんとゲームをしているが何度《なんど》も負《ま》けたので、お**手上《てあ》げ**だ。

もっと
知《し》りたい！

猫《ねこ》のつくことわざ・慣用句《かんようく》

猫《ねこ》に小判《こばん》

意味　どんなに価値《かち》のあるものでも、そのものの値打《ねう》ちがわからない人《ひと》には無駄《むだ》であり、何《なん》の役《やく》にも立《た》たないことのたとえ。

使い方　有名《ゆうめい》なピアニストの曲《きょく》をかけてみたが、彼《かれ》には**猫《ねこ》に小判《こばん》**だったようで、すぐにどこかへ行《い》ってしまった。

猫《ねこ》の手《て》も借《か》りたい

意味　非常《ひじょう》に忙《いそが》しくて、一人《ひとり》でも多《おお》く人手《ひとで》が欲《ほ》しいようす。

使い方　今日《きょう》は**猫《ねこ》の手《て》も借《か》りたい**くらい忙《いそが》しい。

借《か》りてきた猫《ねこ》

意味　普段《ふだん》と違《ちが》って、改《あらた》まって非常《ひじょう》におとなしいようす。

由来　ねずみを捕《と》らせようと猫《ねこ》を借《か》りてきても、よその家《いえ》ではおとなしくなってしまい、動《うご》かないようすから。

使い方　いつもうるさい彼《かれ》だが、人《ひと》の家《いえ》に行《い》ったときは、**借《か》りてきた猫《ねこ》**のようにおとなしくなる。

猫《ねこ》を被《かぶ》る

意味　ほんとうの性質《せいしつ》を隠《かく》して、おとなしそうにふるまう。

由来　「被《かぶ》る」とは、そのようにふるまうこと。おとなしい猫《ねこ》のようなふりをすることから。

関連語　㊮ 猫被《ねこかぶ》り

使い方　お客《きゃく》さんが家《いえ》に遊《あそ》びにくると、マロはいつも**猫《ねこ》を被《かぶ》る**。

猫《ねこ》も杓子《しゃくし》も

意味　何《なに》もかもすべて。

誰《だれ》も彼《かれ》もみんな。

由来 猫《ねこ》の手《て》と、汁物《しるもの》やごはんをすくう道具《どうぐ》である杓子《しゃくし》のかたちが似《に》ていることから。

使い方 SNSでアイテムが話題《わだい》になったら、**猫《ねこ》も杓子《しゃくし》も**それを買《か》い求《もと》める。

猫《ねこ》の目《め》のよう

意味 物事《ものごと》がそのときの事情《じじょう》や状況《じょうきょう》によってめまぐるしく変《か》わることのたとえ。

由来 猫《ねこ》の目《め》が周囲《しゅうい》の明《あか》るさに反応《はんのう》して、丸《まる》くなったり細《ほそ》くなったりとかたちが変《か》わることから。

使い方 あの子《こ》は**猫《ねこ》の目《め》のよう**に機嫌《きげん》が変《か》わるので、いつもハラハラする。

窮鼠猫《きゅうそねこ》を噛《か》む

意味 追《お》い詰《つ》められて必死《ひっし》になると、弱《よわ》い者《もの》でも強《つよ》い者《もの》に刃向《はむ》かって苦《くる》しめることがあるというたとえ。

由来 中国《ちゅうごく》の経済書《けいざいしょ》『塩鉄論《えんてつろん》』の言葉《ことば》のかたちが変《か》わったもの。弱《よわ》いねずみも猫《ねこ》に追《お》い詰《つ》められたら噛《か》みつくことから。

使い方 今日《きょう》の猫パンチ選手権《せんしゅけん》では弱《よわ》い選手《せんしゅ》が強《つよ》い選手《せんしゅ》を追《お》い詰《つ》めた。まさに**窮鼠猫《きゅうそねこ》を噛《か》む**だ。

猫《ねこ》に鰹節《かつおぶし》

意味 その人《ひと》のそばに欲《ほ》しがるものを置《お》けば油断《ゆだん》ができないということのたとえ。つい何《なに》かをやってしまいそうな、過《あやま》ちが起《お》こりやすい状況《じょうきょう》のたとえ。

由来 猫《ねこ》のそばに大好物《だいこうぶつ》の鰹節《かつおぶし》を置《お》くと、すぐに食《た》べてしまうということから。

使い方 食《く》いしん坊《ぼう》のあの子《こ》のそばにおやつを置《お》いておくなんて、**猫《ねこ》に鰹節《かつおぶし》**だ。きっとこっそり食《た》べてしまうよ。

猫《ねこ》の前《まえ》の鼠《ねずみ》

意味 恐《おそ》ろしくて身動《みうご》きがとれないようす。

使い方 雷《かみなり》がゴロゴロと鳴《な》ったので、むぎは**猫《ねこ》の前《まえ》の鼠《ねずみ》**となって机《つくえ》の下《した》に身《み》を隠《かく》した。

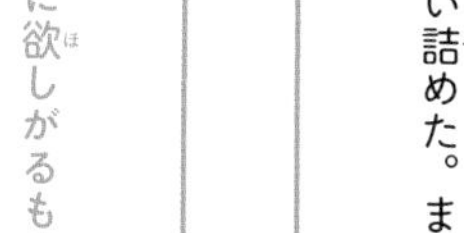

猫《ねこ》の首《くび》に鈴《すず》をつける

意味 いざ実行《じっこう》しようとすると誰《だれ》も進《すす》んではやろうとしない、非常《ひじょう》に危険《きけん》で困難《こんなん》なことのたとえ。

使い方 すばらしい計画《けいかく》だけど、引《ひ》き受《う》けるのはなかなか勇気《ゆうき》がいるよね。一体誰《いったいだれ》が、**猫《ねこ》の首《くび》に鈴《すず》をつけ**にいくのかな？

ことばを知《し》ろう

ことわざ・慣《かん》用《よう》句《く》の成《な》り立《た》ち

ことわざや慣用句《かんようく》は、私《わたし》たちの日常会話《にちじょうかいわ》や文章《ぶんしょう》のなかで数多《かずおお》く使《つか》われています。

ことわざとは、昔《むかし》から言《い》い伝《つた》えられてきた生活《せいかつ》の知《ち》恵《え》や教《おし》え、世《よ》の中《なか》の真理《しんり》などを表《あらわ》した言葉《ことば》のこと。「言《こと》（こと）の業《わざ》（わざ）」などと書《か》き、長《なが》い時間《じかん》をかけて形《けい》成《せい》されたたくみな表現《ひょうげん》を指《さ》します。

多《おお》くのことわざは作者《さくしゃ》がわからないながらも、たくさんの人《ひと》に知《し》られているのが特徴《とくちょう》です。ほかにも代表的《だいひょうてき》な特徴《とくちょう》には、次《つぎ》のようなものがあります。

① 決《き》まったかたちがない自由《じゆう》な表現《ひょうげん》である
② お互《たが》いに正反対《せいはんたい》の意味《いみ》のことわざもある
③ たとえをよく使《つか》う
④ 対句《ついく》になったりする
⑤ 常識《じょうしき》とは逆《ぎゃく》のことを言《い》って、より効果《こうか》を出《だ》す

たとえば、「猿《さる》も木《き》から落《お》ちる」は③に、「急《いそ》がば回《まわ》れ」は⑤に当《あ》てはまります。

一方《いっぽう》、**慣用句《かんようく》とは、2つ以上《いじょう》の言葉《ことば》が結《むす》びついてよく使《つか》われるうちに固定化《こていか》し、元《もと》の意味《いみ》から離《はな》れた特別《とくべつ》な意《い》味《み》を表《あらわ》す言葉《ことば》**のことです。

「頭《あたま》が上《あ》がらない」「目《め》がない」「手《て》を上《あ》げる」などの比《ひ》喩的《ゆてき》な表現《ひょうげん》がこれに当《あ》たります。

また、「故事成語《こじせいご》」という種類《しゅるい》の言葉《ことば》もあります。**人《じん》生《せい》の真理《しんり》を教《おし》えや戒《いまし》めとして説《と》いた短《みじか》い言葉《ことば》や、人《ひと》の心《こころ》を動《うご》かすようなすぐれた言葉《ことば》であることが故事成語《こじせいご》の特《とく》徴《ちょう》**です。

おもに中国《ちゅうごく》で昔《むかし》から伝《つた》わる物語《ものがたり》（＝故事《こじ》）が、短《みじか》く決《き》まったかたちで言《い》い表《あらわ》されてきた言葉《ことば》（＝成語《せいご》）で、四《よ》字熟語《じじゅくご》のかたちをとるものも多《おお》くあります。ほかにも、日本《にほん》で生《う》まれた故事成語《こじせいご》もありますが、どの言葉《ことば》も孔子《こうし》やガリレオなどの有名人《ゆうめいじん》が残《のこ》したものが中心《ちゅうしん》です。

物事《ものごと》の本質《ほんしつ》や人生《じんせい》の真理《しんり》をたくみに捉《とら》えた言葉《ことば》は、人々《ひとびと》の胸《むね》に深《ふか》く刻《きざ》まれ、現代《げんだい》まで伝《つた》えられています。

2章

様子《ようす》・状況《じょうきょう》・結果《けっか》を表《あらわ》す ことわざ・慣用句《かんようく》

足《あし》が棒《ぼう》になる

長《なが》い時間歩《じかんある》いたり立《た》っていたりして、ひどく疲《つか》れて足《あし》が動《うご》かなくなることのたとえ。

使い方

友達《ともだち》と長時間《ちょうじかん》追《お》いかけっこをしたら、**足《あし》が棒《ぼう》になった。**

大《おお》目《め》に見《み》る

人《ひと》の失敗《しっぱい》や悪《わる》いところを深《ふか》く責《せ》めないで、思《おも》いやりのある対応《たいおう》をする。

類 目《め》をつぶる

使い方

イタズラをされたが、今回《こんかい》は**大目《おおめ》に見《み》て**あげた。

阿《あ》吽《うん》の呼《こ》吸《きゅう》

二人以上《ふたりいじょう》で一緒《いっしょ》に物事《ものごと》を行《おこな》うときの、互《たが》いの気持《きも》ちや調子《ちょうし》。
また、気持《きも》ちがぴったりと合《あ》うこと。

由来
「阿《あ》」は口《くち》を開《ひら》いて吐《は》く息《いき》を、「吽《うん》」は口《くち》を閉《と》じて吸《す》う息《いき》を意味《いみ》する。

使い方
にゃんこと赤《あか》ちゃんは阿吽《あうん》の呼吸《こきゅう》で手《て》を重《かさ》ねた。

揚《あ》げ足《あし》を取《と》る

相手《あいて》のわずかな失敗《しっぱい》をとらえて、ひどく責《せ》めたり、からかったりする。

使い方

ちょっとした言葉《ことば》の誤《あやま》りを見逃《みのが》さず、すかさず揚《あ》げ足《あし》を取《と》る。

よく見《み》れないなあ…。
「見《み》れない」じゃないよ！
「見《み》られない」だよ！
ら抜き言葉《ことば》はよくないよ。
くどくどくどくど……

角《かど》が立《た》つ

ものの言《い》い方《かた》や態度《たいど》がおだやかでなく、人間関係《にんげんかんけい》がぎくしゃくする。

使い方

落《お》ち込《こ》んでいるところに、さらにダメ出《だ》しするのはやめよう。角《かど》が立《た》つよ。

今《いま》の言《い》い方《かた》
何《なに》!?

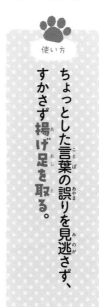

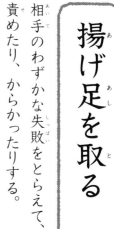

船頭《せんどう》多《おお》くして船山《ふねやま》に上《のぼ》る

指図《さしず》する人《ひと》が多《おお》すぎると、物事《ものごと》がとんでもない方向《ほうこう》に進《すす》んでいくことのたとえ。

「船」のつくことば

●渡《わた》りに船《ふね》
何《なに》かをしようとしているときに、自分《じぶん》にとって都合《つごう》のよいことが思《おも》いがけなく起《お》こる。

使い方

みんなが勝手《かって》なことを言《い》うから、今日何《きょうなに》をして遊《あそ》ぶのかが決《き》まらない。これでは**船頭多《せんどうおお》くして船山《ふねやま》に上《のぼ》る**だよ。

空《あ》き箱《ばこ》で遊《あそ》びたい。
猫《ねこ》じゃらしで遊《あそ》びたい。
ひなたぼっこしたい。

一《いち》を聞《き》いて十《じゅう》を知《し》る

一部分《いちぶぶん》を聞《き》いただけで全体《ぜんたい》を理解《りかい》する。

由来

中国《ちゅうごく》の思想家《しそうか》・孔子《こうし》とその弟子《でし》の言葉《ことば》をまとめた経書《けいしょ》『論語《ろんご》』にある言葉《ことば》。

目《め》から鼻《はな》へ抜《ぬ》ける

使い方

マロは一《いち》を聞《き》いて十《じゅう》を知《し》るほどの賢《かしこ》さだ。

石橋《いしばし》を叩《たた》いて渡《わた》る

慎重《しんちょう》に物事《ものごと》を行《おこな》うことのたとえ。

類　浅《あさ》い川《かわ》も深《ふか》く渡《わた》れ

念《ねん》には念《ねん》を入《い》れる

対　危《あぶ》ない橋《はし》を渡《わた》る

使い方

むぎは何事《なにごと》も石橋《いしばし》を叩《たた》いて渡《わた》るタイプの性格《せいかく》だ。

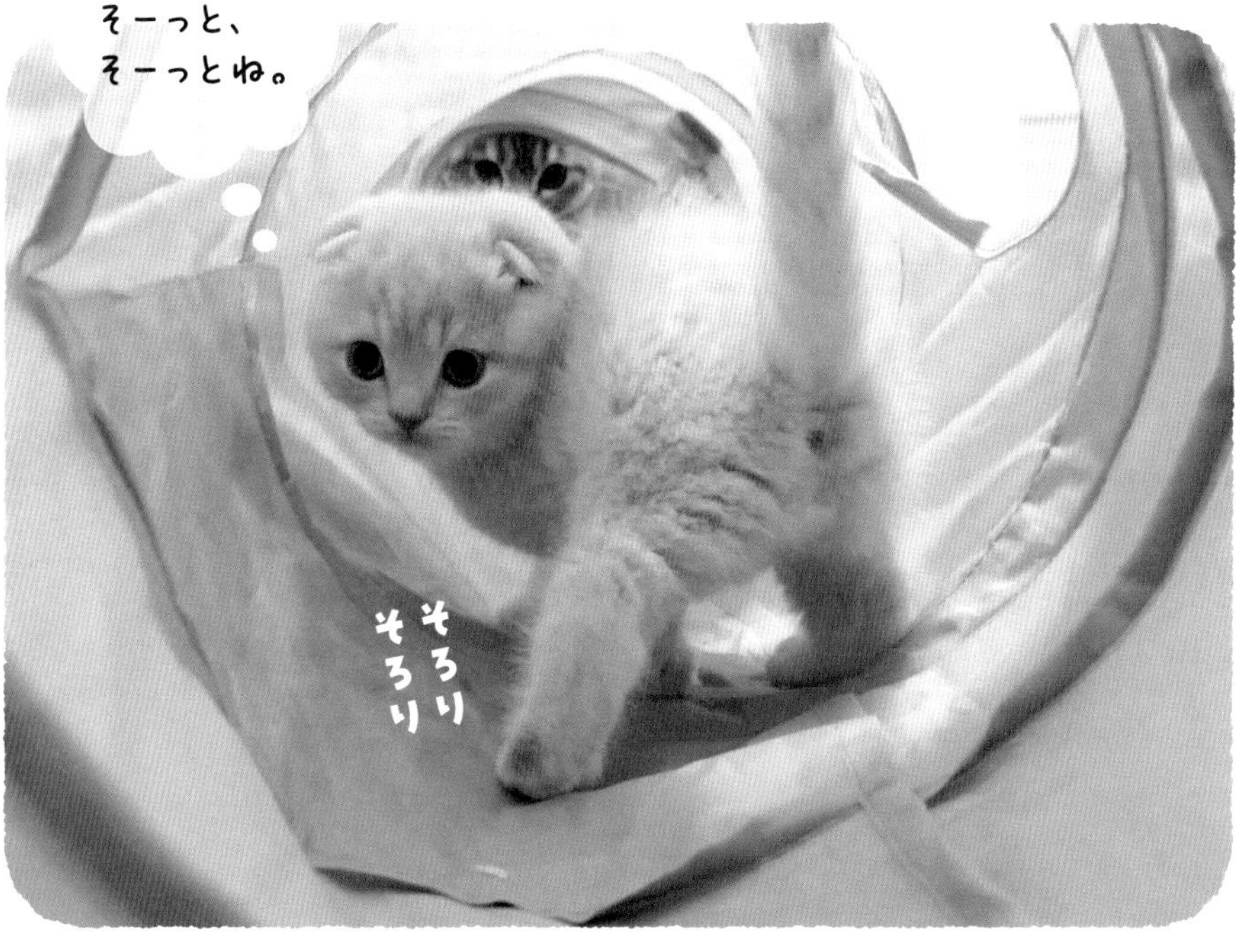

そーっと、
そーっとね。
そろりそろり

飛《と》ぶ鳥《とり》も落《お》とす勢《いきお》い

勢《いきお》いが強《つよ》いようす。

使い方

筋《きん》トレで美《うつく》しい肉体《にくたい》になったマロは、今《いま》や飛《と》ぶ鳥《とり》も落《お》とす勢《いきお》いだ!!

誰《だれ》にも負《ま》けない
肉体美《にくたいび》を
手《て》に入《い》れた…!
ムキ
ムキ

魔《ま》が差《さ》す

心《こころ》のなかにふと悪魔《あくま》が入《はい》り込《こ》んだように、思《おも》いもよらない悪《わる》い考《かんが》えが起《お》こる。

使い方

魔《ま》が差《さ》して、目《め》の前《まえ》に差《さ》し出《だ》された猫《ねこ》じゃらしを噛《か》みちぎりたくなった。

思《おも》いっきり噛《か》みちぎって
みたくなってきた…。

瓜《うり》二《ふた》つ

顔《かお》つきや姿《すがた》が互《たが》いによく似《に》ていることのたとえ。

由来

瓜《うり》を縦《たて》に2つに割《わ》ると、切《き》り口《くち》がそっくりなことから。

使い方

生《う》まれた子猫《こねこ》は瓜二《うりふた》つだ。

立《た》て板《いた》に水《みず》

詰《つ》まることなく、すらすら言葉《ことば》が出《で》ることのたとえ。

使い方

マロは普段《ふだん》は寡黙《かもく》だが、筋《きん》トレの話《はなし》をするときは立《た》て板《いた》に水《みず》だ。

筋《きん》トレっていうのはね、心《こころ》も強《つよ》くするものなんだよ。それでね…
スラスラ

苦《くる》しいときの神頼《かみだの》み

苦《くる》しいことがあると、普段《ふだん》は神《かみ》や仏《ほとけ》を信《しん》じない人《ひと》でも、祈《いの》って助《たす》けを求《もと》める。

使い方

どうしても外《そと》に出《で》たくなったマロは、苦《くる》しいときの神頼《かみだの》みで、神様《かみさま》に祈《いの》りを捧《ささ》げた。

神様《かみさま》お願《ねが》いです。ここから出《だ》してください。

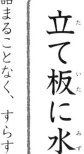

暖簾《のれん》に腕押《うでお》し

こちらが積極的《せっきょくてき》に出《で》ても、相手《あいて》が何《なん》の反応《はんのう》も示《しめ》さず、少《すこ》しも手応《てごた》えがない。

豆腐《とうふ》にかすがい

糠《ぬか》に釘《くぎ》

使い方

何度《なんど》マロにお願《ねが》いしてもイタズラをやめない。暖簾《のれん》に腕押《うでお》しだ。

ふーん…？
もうイタズラしちゃダメだよ！

非《ひ》の打《う》ち所《どころ》がない

非難《ひなん》するような欠点《けってん》がまったくない。

使い方

かわいくて賢《かしこ》い猫《ねこ》は、**非《ひ》の打《う》ち所《どころ》がない**存在《そんざい》だ。

かわいくて、いい子《こ》で、
僕《ぼく》って最強《さいきょう》かも…？

右《みぎ》に出《で》る者《もの》がない

その人《ひと》よりもすぐれた人《ひと》がいない。

使い方

高速猫《こうそくねこ》パンチなら、つむの**右《みぎ》に出《で》る者《もの》がない**。

高速猫《こうそくねこ》パンチ
なら任《まか》せて！
シュシュシュシュッ

手《て》が離《はな》せない

やりかけていることがあって、ほかのことができない。

類　手《て》が塞《ふさ》がる

対　手《て》が空《あ》く

使い方

今《いま》は猫《ねこ》じゃらしで遊《あそ》ぶのに夢中《むちゅう》で手《て》が離《はな》せない。

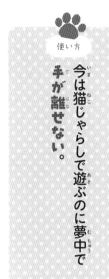

猫《ねこ》の額《ひたい》

土地《とち》や庭《にわ》などが非常《ひじょう》に狭《せま》いことのたとえ。

由来
猫《ねこ》の額《ひたい》が狭《せま》いことから。

額
うさぎ小《こ》屋《や》

使い方
猫《ねこ》の額《ひたい》ほどの庭《にわ》だが、いつも近所《きんじょ》のにゃんこたちが遊《あそ》びにきてくれる。

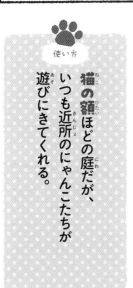

底《そこ》を突《つ》く

①蓄《たくわ》えていたものがすべてなくなる。
②値段《ねだん》などが最低《さいてい》になる。

使い方

①のどが乾《かわ》いたので水《みず》を飲《の》んだら、水入《みずい》れの水《みず》が**底《そこ》を突《つ》いた**。

縁《えん》の下《した》の力持《ちからも》ち

人《ひと》に知《し》られないところで力《ちから》を尽《つ》くすこと。

使い方

赤《あか》ちゃんがのびのび過《す》ごせるのは、**縁《えん》の下《した》の力持《ちからも》ち**であるマロのおかげだ。

赤《あか》ちゃんのためなら
なんだってできるよ。

馬《うま》の耳《みみ》に念仏《ねんぶつ》

いくら忠告《ちゅうこく》や意見《いけん》をしても、まったく効《き》き目《め》がないことのたとえ。

使い方

「赤《あか》ちゃん用《よう》のベッドに寝《ね》てはいけない」といくら伝《つた》えても、どいてくれない。**馬《うま》の耳《みみ》に念仏《ねんぶつ》**だ。

だってここが
好《す》きなんだもん。

七転《ななころ》び八《や》起《お》き

何度失敗《なんどしっぱい》しても、くじけずに勇気《ゆうき》を出《だ》してがんばること。また、人生《じんせい》の浮《う》き沈《しず》みの激《はげ》しいことのたとえ。

「七」のつくことば

●なくて七癖《ななくせ》
多《おお》かれ少《すく》なかれ人《ひと》には癖《くせ》があるということ。

●親《おや》の光《ひかり》は七光《ななひかり》
親《おや》が有名《ゆうめい》なおかげで、その子《こ》どもが得《とく》をすること。

使い方

七転《ななころ》び八《や》起《お》き。何度失敗《なんどしっぱい》しても、諦《あきら》めずに挑戦《ちょうせん》しよう。

隅《すみ》に置《お》けない

思《おも》っていたよりもずっと才能《さいのう》や行動力《こうどうりょく》があって、油断《ゆだん》できない。案外世間《あんがいせけん》のことを知《し》っていて、抜《ぬ》け目《め》がない。

「隅」のつくことば

●重箱《じゅうばこ》の隅《すみ》をつつく
取《と》るに足《た》らないつまらないことまで、あれこれうるさく言《い》うたとえ。

使い方

つむの猫《ねこ》パンチのレベルがいつの間《ま》にかあがっていて驚《おどろ》いた。隅《すみ》に置《お》けないな。

ちょっとちょっと〜〜、
すごいじゃん。
うりうり
いやいや、
まだまだよ…。

一線《いっせん》を画《かく》す

ほかとの違《ちが》いをはっきりさせる。
区切《くぎ》りをつける。

使い方

マロはほかのにゃんこたちと**一線《いっせん》を画《かく》する**ポージングで飼《か》い主《ぬし》を魅了《みりょう》する。

挙句《あげく》の果《は》て

物事《ものごと》の最後《さいご》。結局《けっきょく》。あれこれしたあとに。

使い方

マロにちょっかいを出《だ》し続《つづ》けていたら、**挙句《あげく》の果《は》て**には怒《おこ》らせてしまった。

もうやめて!

手《て》が空《あ》く

仕事《しごと》などがひと段落《だんらく》して、ひまができる。

使い方

忙《いそが》しそうなつむに、「**手《て》が空《あ》い**たから、何《なに》か手伝《てつだ》おうか?」と声《こえ》をかける。

僕《ぼく》にお手伝《てつだ》い
できること
あるかにゃ?

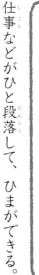

口火《くちび》を切《き》る

人《ひと》が集《あつ》まって何《なに》かをするときに、最初《さいしょ》に話《はな》しを始《はじ》めたり、物事《ものごと》を始《はじ》めたりする。

類

火《ひ》蓋《ぶた》を切《き》る

使い方

むぎが口火《くちび》を切《き》って、話《はな》し合《あ》いが始《はじ》まった。

棒《ぼう》に振《ふ》る

それまでの努力《どりょく》や苦労《くろう》を無駄《むだ》にしてしまう。

類

水泡《すいほう》に帰《き》する

水《みず》の泡《あわ》

対

実《み》を結《むす》ぶ

使い方

毎日練習《まいにちれんしゅう》してきたのに、試合当日《しあいとうじつ》に熱《ねつ》を出《だ》してしまい、披露《ひろう》する機会《きかい》を**棒《ぼう》に振《ふ》って**しまった。

苦虫《にがむし》を噛《か》み潰《つぶ》したよう

非常《ひじょう》に不愉快《ふゆかい》な表情《ひょうじょう》、苦々《にがにが》しい表情《ひょうじょう》のたとえ。

由来

「苦虫《にがむし》」とは、噛《か》むと苦《にが》いであろう虫《むし》のこと。

使い方

病院《びょういん》から帰《かえ》ってきた彼《かれ》は、**苦虫《にがむし》を噛《か》み潰《つぶ》したような**表情《ひょうじょう》だった。

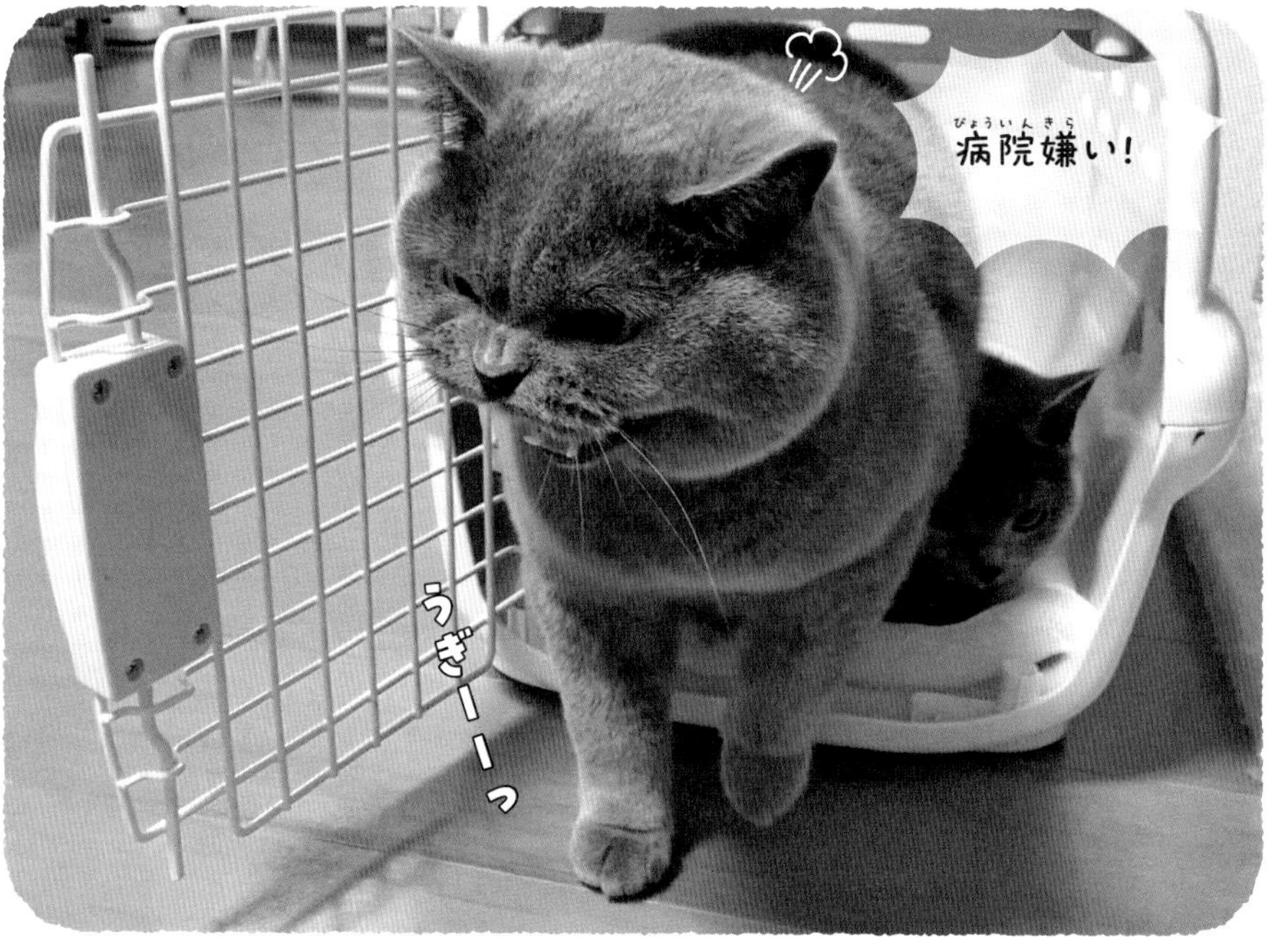

犬猿《けんえん》の仲《なか》

仲《なか》が悪《わる》いことのたとえ。

由来
犬《いぬ》と猿《さる》は仲《なか》が悪《わる》いとされていることから。

類
水《みず》と油《あぶら》

対
水魚《すいぎょ》の交《まじ》わり
刎頸《ふんけい》の交《まじ》わり

使い方
犬猿《けんえん》の仲《なか》という言葉《ことば》とは無縁《むえん》なほど、つむチャンネル。のにゃんこたちは仲良《なかよ》しだ。

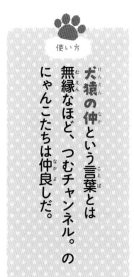

付《つ》け焼《や》き刃《ば》

その場《ば》を乗《の》り切《き》るために、間《ま》に合《あ》わせに知識《ちしき》や技術《ぎじゅつ》などを習《なら》い、覚《おぼ》えること。

使い方

試合前日《しあいぜんじつ》に一晩中練習《ひとばんじゅうれんしゅう》したが、付《つ》け焼《や》き刃《ば》ではどうにもならなかった。

前日《ぜんじつ》の特訓《とっくん》だけじゃ
やっぱりダメか。

まな板《いた》の鯉《こい》

相手《あいて》にされるがままになるしかない状態《じょうたい》のたとえ。

使い方

いつも元気《げんき》なむぎだが、爪《つめ》を切《き》られているときはまさにまな板《いた》の鯉《こい》だ。

爪切《つめき》りはいつも、
されるがまま…。

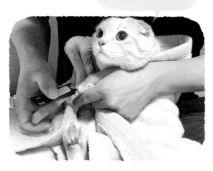

蛙《かえる》の子《こ》は蛙《かえる》

平凡《へいぼん》な親《おや》から生《う》まれた子《こ》どもは、やはり平凡《へいぼん》な人《ひと》になるというたとえ。また、子《こ》どもは親《おや》に似《に》るものであるということのたとえ。

類　瓜《うり》の蔓《つる》に茄子《なす》はならぬ

対　鳶《とんび》が鷹《たか》を生《う》む

使い方

つむとマロは同《おな》じ体勢《たいせい》で寝《ね》る。やっぱり蛙《かえる》の子《こ》は蛙《かえる》だ。

けんもほろろ

人《ひと》の頼《たの》みなどを受《う》けつけないで、冷淡《れいたん》にはねつけるようす。

木《き》で鼻《はな》を括《くく》る

取《と》り付《つ》く島《しま》もない

使い方

つむに「遊《あそ》ぼう」と声《こえ》をかけたが、けんもほろろに断《ことわ》られた。

あそぼうよーーー。
つーん

手《て》も足《あし》も出《で》ない

相手《あいて》との力《ちから》の差《さ》があったりして、自分《じぶん》の力《ちから》ではどうにもできないこと。

使い方

つむにかけっこで勝負《しょうぶ》を挑《いど》んだが、手《て》も足《あし》も出《で》なかった。

帯《おび》に短《みじか》し襷《たすき》に長《なが》し

中途半端《ちゅうとはんぱ》で役《やく》に立《た》たないことのたとえ。

使い方

猫用《ねこよう》の洋服《ようふく》をもらったが、むぎには大《おお》きく、つむには小《ちい》さい。帯《おび》に短《みじか》し襷《たすき》に長《なが》しだ。

一難《いちなん》去《さ》ってまた一難《いちなん》

災難《さいなん》を切《き》り抜《ぬ》けて安心《あんしん》したところへ、また別《べつ》の災難《さいなん》が降《ふ》りかかってくること。

類 前門《ぜんもん》の虎《とら》、後門《こうもん》の狼《おおかみ》

使い方

やっと部屋《へや》の虫《むし》を退治《たいじ》したと思《おも》ったら、一難《いちなん》去《さ》ってまた一難《いちなん》。今度《こんど》は外《そと》で雷《かみなり》が鳴《な》り出《だ》した。

三度目《さんどめ》の正直《しょうじき》

二度《にど》失敗《しっぱい》が続《つづ》いても、たいていのことは三度目《さんどめ》にはうまくいくという教《おし》え。

使い方

一回目《いっかいめ》も二回目《にかいめ》もお風呂《ふろ》を怖《こわ》がってしまったが、三回目《さんかいめ》の今日《きょう》はすんなり入《はい》れた。三度目《さんどめ》の正直《しょうじき》だ。

様《さま》になる

何《なに》かをするようすが、それにふさわしい姿《すがた》やかたちになる。

使い方

二本足《にほんあし》で立《た》てるよう、一生懸命《いっしょうけんめい》練習《れんしゅう》したむぎ。努力《どりょく》が実《みの》って、立《た》ち姿《すがた》も様《さま》になっている。

鎌《かま》を掛《か》ける

相手《あいて》の隠《かく》していることを聞《き》き出《だ》すために、たくみに話《はなし》を振《ふ》って、ほんとうのことを言《い》わせるようにする。

水《みず》を向《む》ける

使い方

最近《さいきん》コソコソしているマロに、つむは鎌《かま》を掛《か》けてみた。

何《なに》か言《い》いたいことがあるんじゃないの？
えっ？

水《みず》も滴《したた》る

若々《わかわか》しくて魅力《みりょく》にあふれるようす。「水《みず》の滴《したた》るよう」とも言《い》う。

使い方

むぎは水《みず》も滴《したた》るいい男《おとこ》だ。

かっこいい
でしょ?

虎《とら》の威《い》を借《か》る狐《きつね》

力《ちから》のない者《もの》が実力者《じつりょくしゃ》の威力《いりょく》を借《か》りて威張《いば》ることのたとえ。

使い方

普段《ふだん》は気《き》が弱《よわ》いマロだが、むぎと一緒《いっしょ》にいるときは強気《つよき》になる。まさに虎《とら》の威《い》を借《か》る狐《きつね》だ。

僕《ぼく》をいじめたら
むぎが許《ゆる》さないにゃ!
・・・

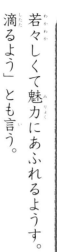

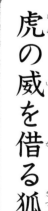

危《あぶ》ない橋《はし》を渡《わた》る

あえて危険《きけん》な方法《ほうほう》や手段《しゅだん》を用《もち》いて物事《ものごと》を行《おこな》う。

対

浅《あさ》い川《かわ》も深《ふか》く渡《わた》れ

石《いし》橋《ばし》を叩《たた》いて渡《わた》る

念《ねん》には念《ねん》を入《い》れる

使い方

おやつをこっそり食《た》べるために、危《あぶ》ない橋《はし》を渡《わた》る。

あともうちょっと…。
グラグラ

独壇場《どくだんじょう》

その人《ひと》だけが思《おも》ったようにふるまうことができる場所《ばしょ》や場面《ばめん》。ひとり舞台《ぶたい》。

使い方

お魚《さかな》の話《はなし》となると、いつもつむの独壇場《どくだんじょう》になる。

＼オンステージ！／

口《くち》を揃《そろ》える

多《おお》くの人《ひと》が同《おな》じことを口《くち》に出《だ》して言《い》う。

使い方

「今日《きょう》の夕飯《ゆうはん》は何《なに》がいい？」と子猫《こねこ》たちに聞《き》いたら、口《くち》を揃《そろ》えて「ミルク！」と答《こた》えた。

夕飯《ゆうはん》何《なに》にする？
ミルク！

猿《さる》も木《き》から落《お》ちる

その道《みち》の専門家《せんもんか》でも、ときには失敗《しっぱい》することがある。

河童《かっぱ》の川流《かわなが》れ

弘法《こうぼう》にも筆《ふで》の誤《あやま》り

上手《じょうず》の手《て》から水《みず》が漏《も》れる

千慮《せんりょ》の一失《いっしつ》

使い方

運動神経《うんどうしんけい》のいいむぎが
ジャンプに失敗《しっぱい》するなんて、
猿《さる》も木《き》から落《お》ちるだね。

人事《じんじ》を尽《つ》くして天命《てんめい》を待《ま》つ

すべきことをしたら結果《けっか》は運《うん》に任《まか》せる。

使い方

試験《しけん》に向《む》けて毎日《まいにち》勉強《べんきょう》してきたから、あとは**人事《じんじ》を尽《つ》くして天命《てんめい》を待《ま》つ**だけだ。

にゃんとかなるさ。

歯《は》に衣《きぬ》着《き》せぬ

遠慮《えんりょ》せず、率直《そっちょく》にはっきりと思《おも》ったことを言《い》う。

使い方

彼女《かのじょ》は**歯《は》に衣《きぬ》着《き》せぬ**言《い》い方《かた》をするので、ときには誤解《ごかい》を生《う》んでしまうこともある。

思《おも》ったことが
口《くち》に出《で》ちゃうんだにゃ…。

火《ひ》に油《あぶら》を注《そそ》ぐ

勢《いきお》いの盛《さか》んなものに、さらに勢《いきお》いをつけさせることのたとえ。

「火」のつくことば

●**火《ひ》を見《み》るよりも明《あき》らか**
疑《うたが》う余地《よち》がまったくない。

●**飛《と》んで火《ひ》に入《い》る夏《なつ》の虫《むし》**
自分《じぶん》から進《すす》んで危険《きけん》や災難《さいなん》にかかわり、身《み》を滅《ほろ》ぼす。

使い方

イタズラをして怒《おこ》られている時《とき》に挑発的《ちょうはつてき》な態度《たいど》をとったら、火《ひ》に油《あぶら》を注《そそ》ぐことになった。

喧嘩両成敗《けんかりょうせいばい》

どんな理由《りゆう》があるにせよ、喧嘩《けんか》をしたらどちらも罰《ばっ》する。

使い方

むぎもマロも謝《あやま》りなさい。喧嘩両成敗《けんかりょうせいばい》だよ。

マロが先《さき》に謝《あやま》って!
いやいや、むぎが先《さき》だよ!

雨《あめ》降《ふ》って地《じ》固《かた》まる

悪《わる》いことが起《お》こったあとは、かえって物事《ものごと》が落《お》ち着《つ》き、よい方向《ほうこう》に進《すす》む。

使い方

喧嘩《けんか》をしたことで、むぎとマロはより一層《いっそう》仲良《なかよ》くなった。「雨《あめ》降《ふ》って地《じ》固《かた》まる」だね。

喧嘩《けんか》したら前《まえ》より仲良《なかよ》くなった。

目《め》が高《たか》い

人《ひと》や物《もの》のよしあしを見分《みわ》ける力《ちから》を持《も》っている。

類　目《め》が利《き》く

対　目《め》がない

使い方

この羽《はね》ペンに興味《きょうみ》を示《しめ》すだなんて、つむは**目《め》が高《たか》い**。高価《こうか》なものなんだよ。

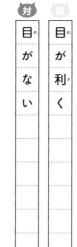

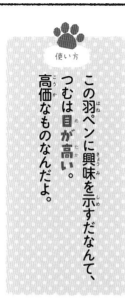

隣《となり》の花《はな》は赤《あか》い

他人《たにん》の物《もの》は何《なん》でもよく見《み》えて、うらやましくなることのたとえ。

使い方

むぎはいつもマロが遊《あそ》んでいるおもちゃに興味《きょうみ》を示《しめ》す。「隣《となり》の花《はな》は赤《あか》い」だな。

マロのおもちゃが欲《ほ》しいよう!

二階《にかい》から目薬《めぐすり》

遠回《とおまわ》りで回《まわ》りくどく、物事《ものごと》が思《おも》うようにいかなくてじれったい。

使い方

ちゃんと言葉《ことば》にしないで自分《じぶん》の気持《きも》ちを理解《りかい》してもらうのはむずかしい。まさに二階《にかい》から目薬《めぐすり》だよ。

えっ
そんな高《たか》いところから
目薬《めぐすり》…?

青菜《あおな》に塩《しお》

急《きゅう》に元気《げんき》をなくして、しょんぼりするようす。

なめくじに塩《しお》

「塩」のつくことば

●傷口《きずぐち》に塩《しお》を塗《ぬ》る

相手《あいて》が気《き》にしていることを批判《ひはん》したり非難《ひなん》したりする。

使い方

さっきまで元気《げんき》よく家《いえ》を駆《か》け回《まわ》っていたのに、今《いま》は青菜《あおな》に塩《しお》だ。

ぐったり…。

朝《あさ》飯《めし》前《まえ》

朝食《ちょうりょう》を食《た》べる前《まえ》の短《みじか》い時間《じかん》でもできるほど、簡単《かんたん》なことのたとえ。

類

お茶《ちゃ》の子《こ》さいさい

お手《て》の物《もの》

使い方

カメラを向《む》けられてかわいい表情《ひょうじょう》をするなんて、朝《あさ》飯《めし》前《まえ》だよ。

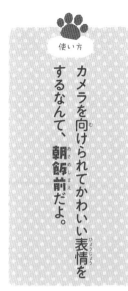

高《たか》みの見物《けんぶつ》

物事《ものごと》のなりゆきを、遠《とお》く離《はな》れたところや関《かか》わりのないところからおもしろがって見《み》ている。

由来

「高《たか》み」とは、下《した》が見下《みお》ろせるような高《たか》いところのこと。

対《たい》岸《がん》の火《か》事《じ》

使い方

イタズラをして怒《おこ》られているマロのようすを、つむとむぎは高《たか》みの見物《けんぶつ》でうかがっていた。

板挟《いたばさ》みになる

対立《たいりつ》する両方《りょうほう》の間《あいだ》に立《た》って、どうしたらよいかと迷《まよ》い悩《なや》む。

使い方

言《い》い合《あ》いをする子猫《こねこ》たちの間《あいだ》で、むぎは板挟《いたばさ》みになってしまった。

いやいや僕《ぼく》の味方《みかた》になってよ!
味方《みかた》になってよ!
困《こま》ったな…。

しのぎを削《けず》る

互《たが》いに力《ちから》を出《だ》し合《あ》い、激《はげ》しく争《あらそ》う。

使い方

紐《ひも》キャッチ選手権《せんしゅけん》は、しのぎを削《けず》る熱戦《ねっせん》だった。

ママのほうが上手《じょうず》よ!
僕《ぼく》のほうがうまいよ!

もっと知《し》りたい！

体《からだ》の部《ぶ》位《い》がつくことわざ・慣《かん》用《よう》句《く》

耳《みみ》

小耳《こみみ》に挟《はさ》む

意味　聞《き》く気《き》はないが、ふと耳《みみ》にする。ちらりと聞《き》く。

使い方　むぎに最近《さいきん》気《き》になる人《ひと》ができたと、**小《こ》耳《みみ》に挟《はさ》んだ**。

耳《みみ》にたこができる

意味　何度《なんど》も同《おな》じことを言《い》われて、うんざりする。

由来　「たこ」とは、手《て》や足《あし》などにできる、皮《かわ》がかたくなったもののこと。

関連語　類 耳《みみ》につく

使い方　飼《か》い主《ぬし》さんから「赤《あか》ちゃんのベッドで寝《ね》ないで」と、何度《なんど》も注意《ちゅうい》され、**耳《みみ》にたこができ**そうだ。

耳《みみ》が痛《いた》い

意味　自分《じぶん》の短所《たんしょ》や弱点《じゃくてん》を指摘《してき》されて、聞《き》くのがつらい。

使い方　むぎがつむに注意《ちゅうい》を受《う》けた内容《ないよう》はもっともで、**耳《みみ》が痛《いた》く**なった。

耳《みみ》を揃《そろ》える

意味　お金《かね》やものをきちんと全部《ぜんぶ》揃《そろ》える。

由来　「耳《みみ》」とは、紙《かみ》や布《ぬの》などの平《ひら》たいものの縁《ふち》のこと。

使い方　むぎはマロに借《か》りていたおもちゃを**耳《みみ》を揃《そろ》えて**返《かえ》した。

耳《みみ》が早《はや》い

意味　噂《うわさ》や情報《じょうほう》をいち早《はや》く聞《き》きつける。

使い方　つむはいつも**耳《みみ》が早《はや》い**。誰《だれ》から話《はなし》を聞《き》くのだろうか。

耳《みみ》を疑《うたが》う

意味 思《おも》ってもないことを聞《き》いて、聞《き》き間違《まちが》えたのではないかと思《おも》う。

使い方 彼《かれ》は自分《じぶん》の動画《どうが》がSNSで話題《わだい》になっていると聞《き》き、**耳《みみ》を疑《うたが》っ**た。

耳《みみ》を傾《かたむ》ける

意味 聞《き》き逃《のが》さないように熱心《ねっしん》に話《はなし》を聞《き》く。

由来 「傾《かたむ》ける」とは、気持《きも》ちを集中《しゅうちゅう》させるという意味《いみ》。

使い方 マロがまじめな話《はなし》をしてきたので、**耳《みみ》を傾《かたむ》け**た。

耳寄《みみよ》りな

意味 聞《き》く値打《ねう》ちがある話《はなし》。うまい話《はなし》。

使い方 つむは飼《か》い主《ぬし》さんから**耳寄《みみよ》りな**話《はなし》を聞《き》いた。

耳《みみ》をそばだてる

意味 物事《ものごと》や声《こえ》などを集中《しゅうちゅう》して聞《き》こうとする。

由来 「そばだてる」とは、注意《ちゅうい》を集中《しゅうちゅう》させるという意味《いみ》。

関連語 類 聞《き》き耳《みみ》を立《た》てる
耳《みみ》を澄《す》ます

使い方 不審《ふしん》な音《おと》がしたので**耳《みみ》をそばだて**た。

耳《みみ》に入《い》れる

意味 人《ひと》に話《はな》して情報《じょうほう》を知《し》らせる。

使い方 むぎはつむから聞《き》いた話《はなし》をすぐにマロの**耳《みみ》に入《い》れ**た。

目《め》

目《め》が覚《さ》める

意味 心《こころ》のなかで迷《まよ》っていたことが解《と》けて、正《ただ》しい心《こころ》に戻《もど》る。迷《まよ》いがなくなる。

使い方 マロはイタズラ好《ず》きだったが、飼《か》い主《ぬし》さんから注意《ちゅうい》を受《う》けて**目《め》が覚《さ》め**、今後《こんご》はやめようと心《こころ》に誓《ちか》った。

目《め》が眩《くら》む

意味 あることに心《こころ》を奪《うば》われて、よし悪《あ》しの判断《はんだん》がつかなくなる。

使い方 むぎは目先《めさき》の欲《よく》につい**目《め》が眩《くら》み**、まだ食《た》べてはいけないおやつに手《て》を出《だ》してしまった。

目《め》から鱗《うろこ》が落《お》ちる

意味 あることがきっかけとなって、急《きゅう》に今《いま》までわからなかったことがわかるようになる。

由来 『新約聖書《しんやくせいしょ》』にある言葉《ことば》。

使い方 お魚《さかな》のきれいな食《た》べ方《かた》を教《おそ》わって、**目《め》から鱗《うろこ》が落《お》ち**た。

目《め》が回《まわ》る

意味 非常《ひじょう》に忙《いそが》しいことのたとえ。

使い方 12月《がつ》は**目《め》が回《まわ》る**ほど忙《いそが》しい。

目《め》くじらを立《た》てる

意味 わずかなことをとりたてて他人《たにん》を責《せ》める。

由来 「目《め》くじら」とは目尻《めじり》のこと。

関連語 類 目《め》に角《かど》を立《た》てる
目《め》を三角《さんかく》にする
目《め》をつり上《あ》げる

使い方 彼《かれ》は人《ひと》の物言《ものい》いに**目《め》くじらを立《た》て**て怒《おこ》る。

目《め》を白黒《しろくろ》させる

意味 ①苦《くる》しんで激《はげ》しく目玉《めだま》を動《うご》かすようす。②考《かんが》えられない出来事《できごと》にひどく驚《おどろ》いて慌《あわ》てるようす。

使い方 ②彼《かれ》はおやつを盗《ぬす》み食《ぐ》いしているのがばれて、**目《め》を白黒《しろくろ》させ**た。

目《め》から鼻《はな》へ抜《ぬ》ける

意味 たいへん賢《かしこ》くて、物事《ものごと》の判断《はんだん》や理解《りかい》がはやい。抜《ぬ》け目《め》がなく、欠《か》けているところがない。

関連語 類 一《いち》を聞《き》いて十《じゅう》を知《し》る

使い方 マロは、**目《め》から鼻《はな》へ抜《ぬ》ける**ような頭《あたま》のよい猫《ねこ》だ。

目《め》に余《あま》る

意味 だまって見過《みす》ごせないほどひどい。

使い方 今日《きょう》のマロのイタズラは**目《め》に余《あま》る**。

目《め》の色《いろ》を変《か》える

意味 ひどく興奮《こうふん》したり物事《ものごと》に夢中《むちゅう》になったりして目《め》つきを変《か》える。

使い方 ソファーのうえでのんびりしていた猫《ねこ》たちだが、飼《か》い主《ぬし》さんが新《あたら》しいおもちゃを持《も》ってきた途端《とたん》、**目《め》の色《いろ》を変《か》えて**動《うご》き出《だ》した。

目《め》も当《あ》てられない

意味 あまりにひどい状態《じょうたい》で見《み》ていられない。

関連語 類 見《み》るに忍《しの》びない
見《み》るに堪《た》えない
目《め》を覆《おお》う

使い方 猫《ねこ》たちが大喧嘩《おおげんか》。**目《め》も当《あ》てられない**状況《じょうきょう》だ。

目《め》をつぶる

意味 見《み》なかったふりをして見逃《みのが》す。我慢《がまん》する。

関連語 類 大目《おおめ》に見《み》る

使い方 むぎがおやつを盗《ぬす》み食《ぐ》いしていたが、**目《め》をつぶった**。

目《め》と鼻《はな》の先《さき》

意味 距離《きょり》がたいへん近《ちか》いことのたとえ。

使い方 あのにゃんこの家《いえ》は、ここから**目《め》と鼻《はな》の先《さき》**にある。

鼻《はな》

鼻《はな》で笑《わら》う

意味 相手《あいて》を見下《みくだ》したようにばかにして笑《わら》う。

使い方 もっとビッグになるための計画《けいかく》を彼《かれ》に話《はな》したら、**鼻《はな》で笑《わら》われた**。

鼻《はな》につく

意味 飽《あ》きて嫌《いや》になる。人《ひと》の言動《げんどう》などがうっとうしく感《かん》じる。

由来 嫌《いや》なにおいが鼻《はな》に残《のこ》って離《はな》れないことから。

使い方 彼《かれ》の偉《えら》そうな態度《たいど》が、なんだか**鼻《はな》につく**。

出鼻《でばな》をくじく

意味 何《なに》かを始《はじ》めようとしたときに邪魔《じゃま》をし

て、意欲《いよく》をなくさせる。

使い方 おもちゃで遊《あそ》ぼうと思《おも》ったらつむにお手伝《てつだ》いを頼《たの》まれて、**出鼻《でばな》をくじか**れた。

鼻《はな》が利《き》く

意味 ①隠《かく》しごとなどを調《しら》べるのに勘《かん》が鋭《するど》い。 ②自分《じぶん》にとって得《とく》になりそうなことをたくみに見《み》つけ出《だ》す。

使い方 ①つむは**鼻《はな》が利《き》く**ので、マロやむぎが嘘《うそ》をついたらすぐに見破《みやぶ》ってしまう。

足《あし》

足《あし》がつく

意味 逃《に》げたり隠《かく》れたりしていた者《もの》の行方《ゆくえ》がわかる。悪《わる》い行《おこな》いがばれる。

使い方 おやつの盗《ぬす》み食《ぐ》いをした犯人《はんにん》は誰《だれ》か、すぐに**足《あし》がつい**た。

足《あし》をとられる

意味 お酒《さけ》に酔《よ》ったり、足元《あしもと》に邪魔《じゃま》なものがあったりして、うまく歩《ある》けない。

使い方 猫《ねこ》たちが遊《あそ》んでいたおもちゃが床《ゆか》に散《ち》らばっていて**足《あし》をとられ**てしまい、前《まえ》に進《すす》めない。

足《あし》が重《おも》い

意味 ①疲《つか》れて足《あし》が重《おも》く感《かん》じる。 ②行《い》かなければいけないと思《おも》いながらも、気《き》がすすまずに行《い》く気《き》にならない。

使い方 ②イタズラをしたので謝《あやま》りに行《い》かなければならないのだけれど、**足《あし》が重《おも》い**。

足《あし》を洗《あら》う

意味 よくない仕事《しごと》を辞《や》めたり、悪《わる》い生活態度《せいかつたいど》を改《あらた》めたりして、まじめになる。

使い方 夜更《よふ》かし三昧《ざんまい》の日々《ひび》から、そろそろ**足《あし》を洗《あら》お**う。

足《あし》に任《まか》せる

意味 ①目的《もくてき》もなしに気《き》ままに歩《ある》く。 ②力《ちから》の続《つづ》くかぎり歩《ある》く。

使い方 ①彼《かれ》は散歩《さんぽ》をするとき、いつも**足《あし》に任《まか》せ**て歩《ある》く。

足下《あしもと》を見《み》る

意味 相手《あいて》の弱《よわ》みにつけこむ。

使い方 人《ひと》の**足下《あしもと》を見《み》**て接《せっ》するのはよくないことだ。

顔《かお》

顔《かお》から火《ひ》が出《で》る

意味 たいへん恥《は》ずかしくて顔《かお》が赤《あか》くなる。

使い方 むぎはつむとマロの前《まえ》でまぬけな失敗《しっぱい》をして、**顔《かお》から火《ひ》が出《で》る**ような思《おも》いをした。

顔《かお》が広《ひろ》い

意味 交際《こうさい》が広《ひろ》く、たくさんの人《ひと》に知《し》られている。

由来 「顔《かお》」とは、知名度《ちめいど》を意味《いみ》する。

使い方 マロは**顔《かお》が広《ひろ》い**ので、どこに行《い》っても友達《ともだち》がいる。

顔《かお》が利《き》く

意味 信用《しんよう》や勢力《せいりょく》があって相手《あいて》の人《ひと》に無理《むり》がとおり、特別扱《とくべつあつか》いしてもらえる。

使い方 つむは**顔《かお》が利《き》く**ので、お魚屋《さかなや》さんからいつもおいしいお魚《さかな》をもらっている。

面《つら》の皮《かわ》が厚《あつ》い

意味 恥《は》じるようすもなく、厚《あつ》かましくずうずうしい。

使い方 むぎはおもちゃを壊《こわ》しても平気《へいき》な顔《かお》をしている。なんて**面《つら》の皮《かわ》が厚《あつ》い**んだ。

関連語 (類) 心臓《しんぞう》が強《つよ》い

顔《かお》を曇《くも》らせる

意味 不安《ふあん》や心配《しんぱい》で、悲《かな》しそうな顔《かお》つきをする。

使い方 友達《ともだち》が待《ま》ち合《あ》わせに遅《おく》れていると知《し》ったとき、彼《かれ》は**顔《かお》を曇《くも》らせた**。

泣《な》きっ面《つら》に蜂《はち》

意味 悪《わる》いことのうえにさらに悪《わる》いことが起《お》こること。

関連語 (類) 踏《ふ》んだり蹴《け》ったり
弱《よわ》り目《め》に祟《たた》り目《め》

使い方 むぎにおもちゃをとられたうえにおやつを食《た》べ損《そこ》ねたなんて、**泣《な》きっ面《つら》に蜂《はち》**だ。

何食《なにく》わぬ顔《かお》

意味 事実《じじつ》を隠《かく》して、まったく何《なに》も知《し》らないようなふりをする。

関連語 (類) 涼《すず》しい顔《かお》

使い方 彼《かれ》はおやつを盗《ぬす》み食《ぐ》いしたのに、**何食《なにく》わぬ顔《かお》**でいる。

ことばを知《し》ろう

動物《どうぶつ》のことわざが多《おお》い理由《りゆう》

ことわざとは生《い》きるための知恵《ちえ》や教訓《きょうくん》を短《みじか》くまとめた言葉《ことば》ですが、古《ふる》くから人間《にんげん》ととても近《ちか》しい関係《かんけい》にあった動物《どうぶつ》が登場《とうじょう》することわざも数多《かずおお》くあります。**猫《ねこ》や犬《いぬ》など、昔《むかし》から人間《にんげん》の身近《みぢか》で暮《く》らしてきた動物《どうぶつ》については、彼《かれ》らの性質《せいしつ》を捉《とら》えたことわざがつくられました。**

たとえば「猫《ねこ》に鰹節《かつおぶし》」。安心《あんしん》できないこと、危険《きけん》であることをたとえたことわざですが、この言葉《ことば》は、猫《ねこ》は鰹《かつお》節《ぶし》が大好《だいす》きだからそばに置《お》いておくとすぐに食《た》べられてしまうことが由来《ゆらい》となっています。「猫《ねこ》が鰹節《かつおぶし》を好《この》む」という性質《せいしつ》を捉《とら》えたことわざなのです。

犬《いぬ》に関《かん》することわざには「犬猿《けんえん》の仲《なか》」という、仲《なか》がとても悪《わる》いことをたとえた言葉《ことば》がありますが、これも「犬《いぬ》と猿《さる》は、近寄《ちかよ》れば必《かなら》ず争《あらそ》って喧嘩《けんか》をする」という性質《せいしつ》に由来《ゆらい》することわざです。

また、**人《ひと》の性格《せいかく》や感情《かんじょう》が、動物《どうぶつ》に関《かん》することわざとして表現《ひょうげん》されることも多《おお》くあります。**人《ひと》の機嫌《きげん》をとるときに出《だ》す、甘《あま》くこびるようなやさしい声《こえ》を「猫《ねこ》なで声《ごえ》」と言《い》いますが、これは猫《ねこ》は甘《あま》えるときにやさしい声《こえ》を出《だ》すことが由来《ゆらい》です。

猫《ねこ》の鳴《な》き声《ごえ》にはたくさんの種類《しゅるい》があり、声色《こわいろ》で気持《きも》ちを表《あらわ》し、コミュニケーションをとっていると言《い》われています。大人《おとな》の猫《ねこ》でも、子猫《こねこ》のように高《たか》い声《こえ》で甘《あま》く鳴《な》くときはおねだりをしているサイン。甘《あま》えたいときの声色《こわいろ》なのです。

猫《ねこ》や犬《いぬ》のほかにも、動物《どうぶつ》に関《かん》することわざはあります。現代《げんだい》に比《くら》べて昔《むかし》は家畜《かちく》や野生《やせい》の動物《どうぶつ》がより身近《みじか》な存《そん》在《ざい》だったので、それらの動物《どうぶつ》の名前《なまえ》が出《で》てくることわざがたくさんあるのです。

蛙《かえる》は水《みず》のなかにいることが多《おお》いので、水《みず》に慣《な》れているという性質《せいしつ》を用《もち》いた「蛙《かえる》の面《つら》に水《みず》」（131ページ参照《さんしょう》）や、雀《すずめ》は飛《と》び跳《は》ねる癖《くせ》が抜《ぬ》けないという性質《せいしつ》を用《もち》いた「雀百《すずめひゃく》まで踊《おど》り忘《わす》れず」（129ページ参照《さんしょう》）ということわざもあります。意味《いみ》は参照《さんしょう》ページで確認《かくにん》してみてください。

3章

暮《く》らしの知恵《ちえ》を表《あらわ》す ことわざ・慣用句《かんようく》

＼ 笑《わら》う門《かど》には福来《ふくき》たる ／

能《のう》ある鷹《たか》は爪《つめ》隠《かく》す

すぐれた才能《さいのう》の持《も》ち主《ぬし》は、普段《ふだん》はそれを見《み》せびらかしたり、自慢《じまん》したりしない。

使い方

いつものんびりしているマロだが、猫《ねこ》じゃらしをくわえるのだけは速《はや》い。**能《のう》ある鷹《たか》は爪《つめ》隠《かく》す**だ。

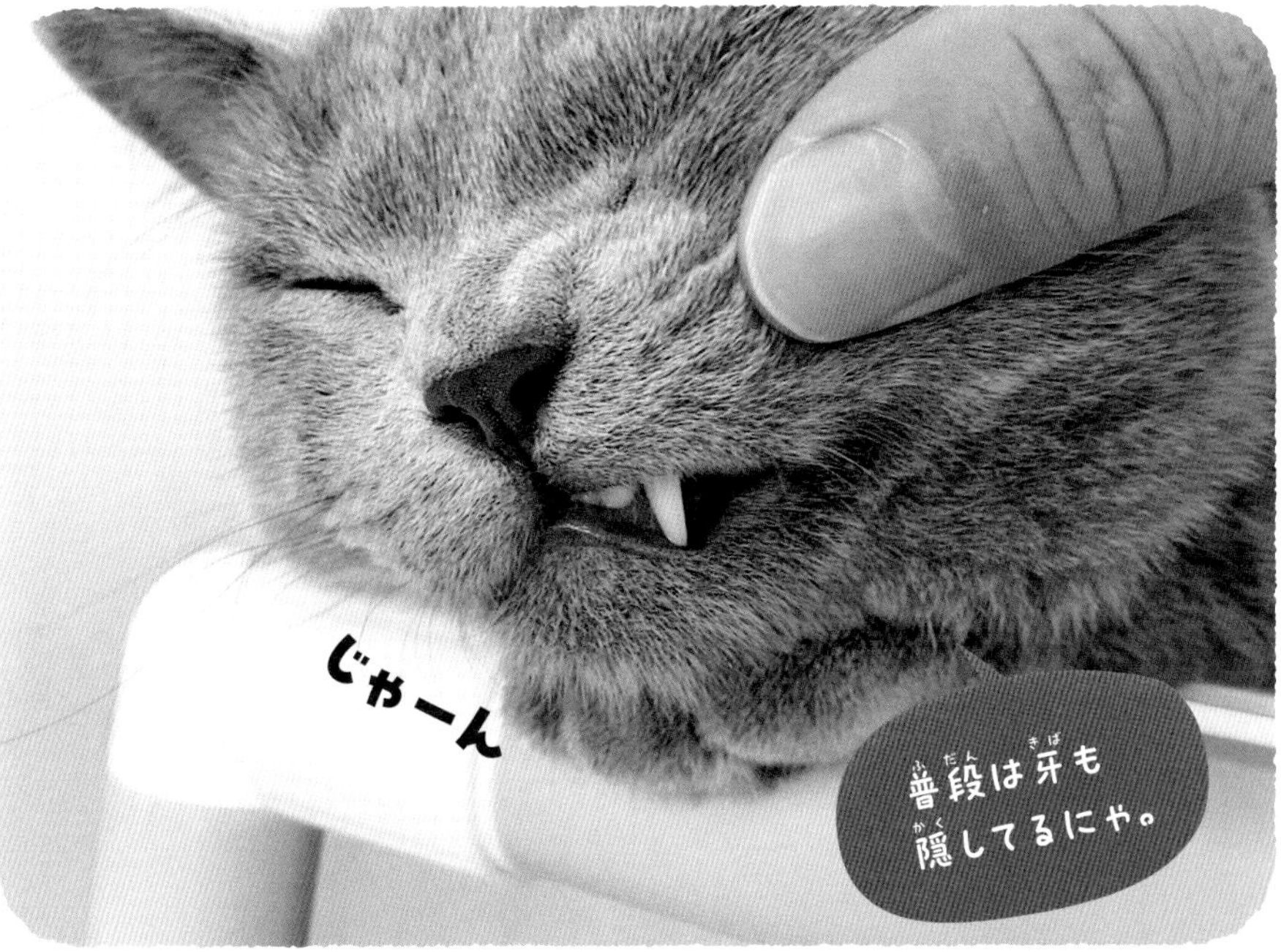

犬《いぬ》も歩《ある》けば棒《ぼう》に当《あ》たる

何《なに》かをすれば幸運《こううん》や災難《さいなん》にあう。

使い方

犬《いぬ》も歩《ある》けば棒《ぼう》に当《あ》たるで、家《いぬ》のなかを歩《ある》き回《まわ》っていたら新《あたら》しい猫《ねこ》じゃらしを見《み》つけた。

かわいい子《こ》には旅《たび》をさせよ

子《こ》どもを愛《あい》するなら、親《おや》の手元《てもと》に置《お》かずに世《よ》の中《なか》に出《だ》して苦労《くろう》させたほうが立派《りっぱ》な人間《にんげん》になるという教《おし》え。

類

獅子《しし》の子《こ》落《お》とし
若《わか》いときの苦《く》労《ろう》は買《こ》うてもせよ

使い方

かわいい子《こ》には旅《たび》をさせよで、いずれ子《こ》どもは自立《じりつ》させるつもりだ。

類《るい》は友《とも》を呼《よ》ぶ

気《き》の合《あ》った者《もの》や考《かんが》え方《かた》の似《に》た者同士《ものどうし》は、自《し》然《ぜん》に集《あつ》まるものである。

使い方

類《るい》は友《とも》を呼《よ》ぶのだろう。マロは自分《じぶん》に似《に》たふわふわなものが好《す》きだ。

長《なが》いものには巻《ま》かれろ

力《ちから》のある者《もの》には逆《さか》らわずに従《したが》ったほうが得《とく》だという、世渡《よわた》りの教《おし》え。

使い方

「いい子《こ》にしていてね」と言《い》われたので、**長《なが》いものには巻《ま》かれろ**で、言《い》われたとおり、おとなしく待《ま》っていた。

芸《げい》は身《み》を助《たす》ける

身《み》についた芸《げい》や技《わざ》があれば、生活《せいかつ》に困《こま》ったときにそれで暮《く》らしを立《た》てることができる。

由来

「江戸《えど》いろはかるた」にある言葉《ことば》。

対

芸《げい》は身《み》の仇《あだ》

使い方

マロは後《うし》ろ足《あし》で立《た》てるようになった。芸《げい》は身《み》を助《たす》けるで、いつか困《こま》ったときに役立《やくだ》つこともあるだろう。

こんなにきれいに立《た》てるんです。
ぴしーーーーん

果報《かほう》は寝《ね》て待《ま》て

焦《あせ》らずに待《ま》っていれば、幸運《こううん》はやってくるものだということ。

使い方

やるべきことはやったよね。果報《かほう》は寝《ね》て待《ま》てだ。焦《あせ》らずゆっくり、幸《しあわ》せを待《ま》とう。

魚心《うおごころ》あれば水心《みずごころ》

本人《ほんにん》が好意《こうい》を持《も》てば、相手《あいて》もその好意《こうい》に応《こた》えようとする気持《きも》ちを持《も》つものであるということ。

使い方

魚心《うおごころ》あれば水心《みずごころ》で、つむからの愛《あい》を感《かん》じると、ますますその気持《きも》ちに応《こた》えたくなるむぎだった。

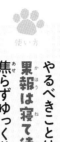

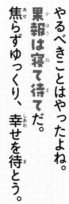

壁《かべ》に耳《みみ》あり障子《しょうじ》に目《め》あり

秘密《ひみつ》の話《はなし》や行動《こうどう》は、どこで誰《だれ》に聞《き》かれているか、見《み》られているかわからない。秘密《ひみつ》の話《はなし》などはもれやすいから、気《き》をつけなさいというたとえ。

類

闇《やみ》夜《よ》に目《め》あり

使い方

「**壁《かべ》に耳《みみ》あり障子《しょうじ》に目《め》あり**だから、秘密《ひみつ》にしたいことは人前《ひとまえ》で話《はな》さないほうがいいよ」とつむに言《い》われた。

こっそり
聞《き》いてますよ…。
チラリ

好《す》きこそ物《もの》の上手《じょうず》なれ

好《す》きなことは熱心《ねっしん》にやるので上達《じょうたつ》する。

使い方

好《す》きこそ物《もの》の上手《じょうず》なれで、小《ちい》さいころから空《あ》き箱《ばこ》での爪研《つめと》ぎが好《す》きなつむは、今《いま》では誰《だれ》よりもそれが上手《じょうず》だ。

せっせ
せっせ
ガリガリ

過《す》ぎたるはなお及《およ》ばざるが如《ごと》し

物事《ものごと》はほどほどがよいという教《おし》え。

使い方

体《からだ》を引《ひ》き締《し》めようと思《おも》い一日中《いちにちじゅう》運動《うんどう》したら、筋肉痛《きんにくつう》になった。**過《す》ぎたるはなお及《およ》ばざるが如《ごと》し**だな。

がんばりすぎた。
ぐでーーん

笑《わら》う門《かど》には福《ふく》来《き》たる

いつも楽《たの》しそうな笑《わら》い声《ごえ》が絶《た》えない家《いえ》には、自然《しぜん》と幸福《こうふく》がやってくる。

由来

「上方《かみがた》いろはかるた」にある言葉《ことば》。「門《かど》」とは、一族《いちぞく》、家族《かぞく》という意味《いみ》。

使い方

笑《わら》う門《かど》には福《ふく》来《き》たる。
素敵《すてき》な笑顔《えがお》でいれば
きっといいことがあるよ。

笑《わら》っていれば
いいことあるにゃ♪
ぷくくく

上《うえ》には上《うえ》がある

世《よ》の中《なか》には、これが一番《いちばん》よいと思《おも》っても、それよりすぐれたものがある。

使い方

つむは自分《じぶん》よりすごいパンチをする猫《ねこ》がいるのを見《み》て、上《うえ》には上《うえ》があることを知《し》った。

私《わたし》より
猫《ねこ》パンチの上手《じょうず》な
にゃんこが
いるなんて…。
むむむ

大《だい》は小《しょう》を兼《か》ねる

大《おお》きいものは小《ちい》さいものの代わりになることができる。

使い方

新《あたら》しい箱《はこ》は子猫《こねこ》には大《おお》きすぎるかと思《おも》ったが、大《だい》は小《しょう》を兼《か》ねるので、これを使《つか》うことにした。

おっきな箱《はこ》だから
みんなで寝《ね》られるね。

親《おや》の心子知《こころこし》らず

子《こ》どもは自分《じぶん》を愛《あい》する親《おや》の心《こころ》もわからず、自分勝手《じぶんかって》にふるまうものだ。

「親」のつくことば

●親《おや》の脛《すね》をかじる

自分《じぶん》の力《ちから》だけでは生活《せいかつ》ができず、親《おや》に養《やしな》ってもらうことのたとえ。

使い方

親《おや》の心子知《こころこし》らずで、心配《しんぱい》するつむにお構《かま》いなしに、むぎはこっそり外《そと》に出《で》ようとする。

外《そと》に行《い》きたいにゃ!!
危《あぶ》ないから
ここにいなさい。
じたばた

口《くち》は禍《わざわい》のもと

思《おも》わぬ災難《さいなん》を招《まね》くことがあるので、言《こと》葉《ば》を慎《つつし》んだほうがよいという戒《いまし》め。

類

雉《きじ》も鳴《な》かずば打《う》たれまい

物《もの》言《い》えば唇《くちびる》寒《さむ》し秋《あき》の風《かぜ》

使い方

「口《くち》は禍《わざわい》のもとだよ！余計《よけい》なことは言《い》わないようにしな！」とむぎに止《と》められた。

三人《さんにん》寄《よ》れば文殊《もんじゅ》の知恵《ちえ》

普通《ふつう》の人《ひと》でも、三人《さんにん》も集《あつ》まって相談《そうだん》すれば名案《めいあん》が浮《う》かんでくるものだ。

「三」のつくことば

●石《いし》の上《うえ》にも三年《さんねん》
どんなにつらいことがあっても、辛抱《しんぼう》すればきっと報《むく》われる。

●三拍子揃《さんびょうしそろ》う
必要《ひつよう》とされる三《みっ》つの大事《だいじ》な条件《じょうけん》がすべて揃《そろ》っている。

使い方

「三人寄《さんにんよ》れば文殊《もんじゅ》の知恵《ちえ》」と言《い》うから、みんなで意見《いけん》を出《だ》し合《あ》って、おやつをもっともらえる方法《ほうほう》を考《かんが》えよう。

立《た》つ鳥《とり》跡《あと》を濁《にご》さず

立《た》ち去《さ》ったあとが見苦《みぐる》しくないように、きれいに後始末《あとしまつ》をしておくべきだ。

使い方

つむは食《た》べ終《お》わった食器《しょっき》をペロペロしてきれいにする。まさに立《た》つ鳥《とり》跡《あと》を濁《にご》さずだ。

ごちそうさまでした。
きれいに食《た》べたよ♪
ピカピカ

百聞《ひゃくぶん》は一見《いっけん》に如《し》かず

人《ひと》から話《はなし》を何度《なんど》も聞《き》くより、自分《じぶん》の目《め》で一《いち》度《ど》実際《じっさい》に見《み》るほうが確《たし》かである。

使い方

百聞《ひゃくぶん》は一見《いっけん》に如《し》かず。にゃんこたちのかわいさは、人《ひと》から聞《き》くより実際《じっさい》に見《み》てみたほうがずっとわかりやすい。

YouTubeも見《み》てね。

苦《く》あれば楽《らく》あり

世《よ》の中《なか》には苦《くる》しいこともあれば楽《たの》しいこともあるので、いつも苦《くる》しいことばかり続《つづ》くわけではない。

類 楽《らく》は苦《く》の種《たね》、苦《く》は楽《らく》の種《たね》

使い方

苦《く》あれば楽《らく》あり。今《いま》ここで苦手《にがて》な爪切《つめき》りをがんばったら、いつかきっといいことがあるさ。

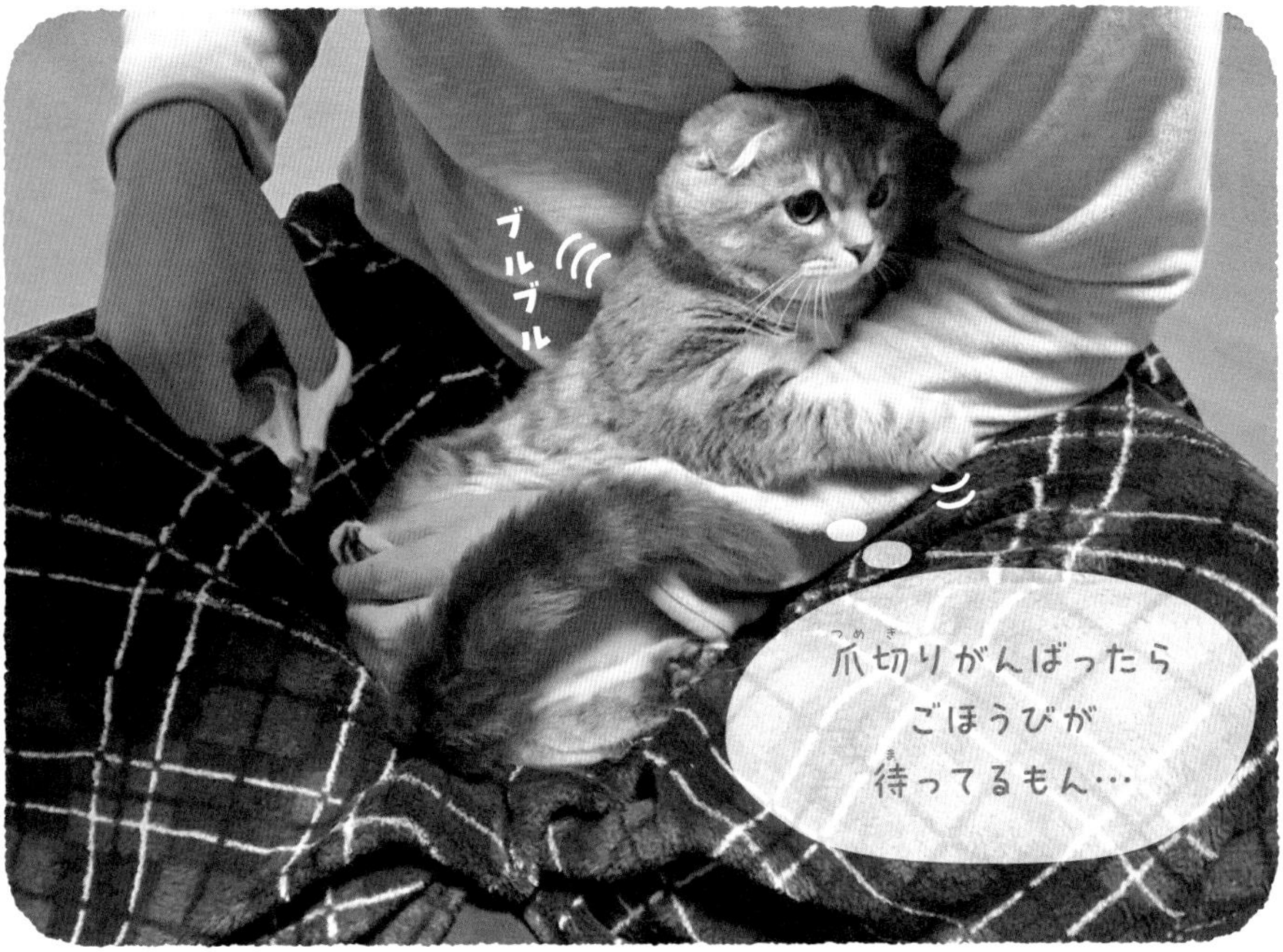
ブルブル
爪切《つめき》りがんばったら
ごほうびが
待《ま》ってるもん…

初《しょ》心《しん》忘《わす》るべからず

何《なに》かを始《はじ》めようとしたときの決心《けっしん》をいつまでも忘《わす》れてはいけないという教《おし》え。

使い方

初心忘《しょしんわす》るべからず。飼《か》い主《ぬし》さんへの恩《おん》はずっと忘《わす》れないぞ。

出会《であ》ったときから
ずーっと大好《だいす》き♥
ぎゅ〜〜〜っ

勝《か》って兜《かぶと》の緒《お》を締《し》めよ

物事《ものごと》を成《な》し遂《と》げても安心《あんしん》せずに、心《こころ》を引《ひ》き締《し》めよという戒《いまし》め。

使い方

猫《ねこ》じゃらし選手権《せんしゅけん》で勝利《しょうり》。勝《か》って兜《かぶと》の緒《お》を締《し》めよだ。次《つぎ》もがんばろう。

いざ、
次《つぎ》なる決戦《けっせん》へ…。
てくてく

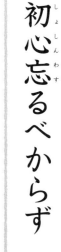

顔《かお》が立《た》つ

面目《めんもく》や名誉《めいよ》が守《まも》られる。

対
顔《かお》がつぶれる
顔《かお》に泥《どろ》を塗《ぬ》る

「顔」のつくことば

●顔《かお》を貸《か》す
頼《たの》まれてその場《ば》に行《い》ったり、人《ひと》に会《あ》ったりする。

使い方

お世話《せわ》になっている飼《か》い主《ぬし》さんの
顔《かお》を立《た》てるために、
僕《ぼく》たちにゃんこが
いい子《こ》にしていないとね。

親《した》しき仲《なか》にも礼《れい》儀《ぎ》あり

どんなに親《した》しい関係《かんけい》でも、最低限《さいていげん》の礼《れい》儀《ぎ》を忘《わす》れてはならないという戒《いまし》め。

使い方

「つむのおなかは寝心地《ねごこち》がいいな～」

「重いなぁ。

親《した》しき仲《なか》にも礼《れい》儀《ぎ》ありだよ」

寝《ね》る子《こ》は育《そだ》つ

よく眠《ねむ》るのは健康《けんこう》な証拠《しょうこ》で、すくすくと丈夫《じょうぶ》に成長《せいちょう》する。

「寝」のつくことば

●寝《ね》た子《こ》を起《お》こす
なんとかおさまった問題《もんだい》をわざわざとり上《あ》げて、また面倒《めんどう》事《ごと》にする。

●寝《ね》ても覚《さ》めても
どんなときでも。絶《た》えず。

使い方

うちの猫《ねこ》たちはほんとうによく寝《ね》る。寝《ね》る子《こ》は育《そだ》つと言《い》うからうれしいことだ。

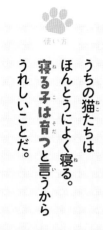

一寸《いっすん》の虫《むし》にも五分《ごぶ》の魂《たましい》

小《ちい》さく弱《よわ》い者《もの》でも、それ相応《そうおう》の意地《いじ》はあるから、ばかにしてはいけない。

使い方

まだ小《ちい》さいマロにだって、一寸《いっすん》の虫《むし》にも五分《ごぶ》の魂《たましい》でそれなりの意地《いじ》がある。

釈迦《しゃか》に説法《せっぽう》

そのことをよく知《し》っている人《ひと》に、ものを教《おし》えることの愚《おろ》かさのたとえ。

使い方

猫《ねこ》に猫《ねこ》じゃらしの説明《せつめい》をするなんて、釈迦《しゃか》に説法《せっぽう》だ。

君子《くんし》危《あや》うきに近寄《ちかよ》らず

立派《りっぱ》な人《ひと》は、危険《きけん》とわかっているところにははじめから近寄《ちかよ》らず、身《み》を慎《つつし》む。

対

虎穴《こけつ》に入《い》らずんば虎子《こじ》を得《え》ず

使い方

飼《か》い主《ぬし》さんが爪《つめ》を切《き》ろうとしている。**君子《くんし》危《あや》うきに近寄《ちかよ》らず**だ。机《つくえ》の下《した》に隠《かく》れよう。

良薬《りょうやく》は口《くち》に苦《にが》し

自分《じぶん》の身《く》のためになる忠告《ちゅうこく》というものは、なかなか素直《すなお》に聞《き》けないものであるというたとえ。

類

忠言《ちゅうげん》耳《みみ》に逆《さか》らう

使い方

「良薬《りょうやく》は口《くち》に苦《にが》しだけど、飼《か》い主《ぬし》さんからの忠告《ちゅうこく》はきちんと聞《き》こう」と、マロは心《こころ》に誓《ちか》った。

旅《たび》は道連《みちづ》れ 世《よ》は情《なさ》け

世《よ》の中《なか》で生《い》きていくには互《たが》いに助《たす》け合《あ》っていくほうが気持《きも》ちよく暮《く》らせる。

「旅《たび》」のつくことば

●旅《たび》の恥《はじ》はかき捨《す》て

旅先《たびさき》では知《し》っている人《ひと》に会《あ》うことがないから、普段《ふだん》ならするはずのない恥《は》ずかしいことも平気《へいき》でやってしまうということ。

使い方

旅《たび》は道連《みちづ》れ世《よ》は情《なさ》けと言《い》うから、お互《たが》い助《たす》け合《あ》っていこうね。

餅《もち》は餅屋《もちや》

世《よ》の中《なか》のいろいろなことは、その道《みち》の専門《せんもん》家《か》に任《まか》せるとよいということ。

使い方

おいしいお魚《さかな》が食《た》べたいな。餅《もち》は餅屋《もちや》だ。つむに話《はなし》を聞《き》いてみよう。

お魚《さかな》のことなら
お任《まか》せあれ。

雀百《すずめひゃく》まで踊《おど》り忘《わす》れず

小《ちい》さいときに身《み》につけた習慣《しゅうかん》は、年《とし》を取《と》っても変《か》わらないものだというたとえ。

使い方

雀百《すずめひゃく》まで踊《おど》り忘《わす》れずで、年齢《ねんれい》を重《かさ》ねてもお茶目《ちゃめ》なところは変《か》わらないね。

僕《ぼく》も踊《おど》りには
自信《じしん》があります。

急《せ》いては事《こと》を仕損《しそん》じる

急《いそ》ぐときほど焦《あせ》るなという戒《いまし》め。

類 急《いそ》がば回《まわ》れ

対 思《おも》い立《た》ったが吉日《きちじつ》

機《き》先《せん》を制《せい》する

先《さき》んずれば人《ひと》を制《せい》す

善《ぜん》は急《いそ》げ

使い方

急《せ》いては事《こと》を仕損《しそん》じると言《い》うから、慎重《しんちょう》に物事《ものごと》を見極《みきわ》めてから取《と》り組《く》もう。

焦《あせ》らず
どんとかまえていこう。
どん！

井《い》の中《なか》の蛙《かわず》大海《たいかい》を知《し》らず

自分《じぶん》だけの狭《せま》い知識《ちしき》や考《かんが》え方《かた》にとらわれて、それに満足《まんぞく》したり得意《とくい》になったりしている。

「蛙」のつくことば

●蛙《かえる》の面《つら》に水《みず》
どんなにひどいことをされても、何《なに》も感《かん》じないで平気《へいき》なようすでいること。非常《ひじょう》にずうずうしいようす。

使い方

ケージのなかで過《す》ごすことが多《おお》かったむぎは、自分《じぶん》が井《い》の中《なか》の蛙《かわず》大海《たいかい》を知《し》らずだったと気《き》がついた。

早起《はやお》きは三文《さんもん》の徳《とく》

朝早《あさはや》く起《お》きると健康《けんこう》にもよく、何《なに》かしら得《とく》になるものだというたとえ。

「朝」のつくことば

●朝日《あさひ》が西《にし》から出《で》る
起《お》こるはずのないことのたとえ。

●朝寝坊《あさねぼう》の宵《よい》っ張《ぱ》り
朝寝坊《あさねぼう》する人《ひと》は夜遅《よるおそ》くまで起《お》きている人《ひと》が多《おお》い。また、夜《よる》遅《おそ》くまで起《お》きているから、朝起《あさお》きられないということ。

使い方

朝早《あさはや》く起《お》きたら、すやすや眠《ねむ》っている赤《あか》ちゃんの顔《かお》を見《み》られた。**早起《はやお》きは三文《さんもん》の徳《とく》だ。**

雨垂《あまだ》れ石《いし》を穿《うが》つ

わずかな力《ちから》でも根気《こんき》よく努力《どりょく》すれば、最《さい》後《ご》には成功《せいこう》する。

使い方

猫《ねこ》パンチがなかなか上達《じょうたつ》しないけど、雨垂《あまだ》れ石《いし》を穿《うが》つだ。毎日《まいにち》コツコツ練習《れんしゅう》しよう。

くじけないで
がんばるもん…!!

住《す》めば都《みやこ》

どんな場所《ばしょ》でも住《す》み慣《な》れれば愛着《あいちゃく》が湧《わ》いてきて、住《す》みやすいと思《おも》うようになる。

使い方

新《あたら》しいおうちになかなか慣《な》れなかったけど、住《す》めば都《みやこ》だな。今《いま》はここが大好《だいす》きだよ。

新《あたら》しいおうち
だーいすき♡
ゴロゴロ

触《さわ》らぬ神《かみ》に祟《たた》りなし

面倒《めんどう》なことには関《かか》わらないほうがよい。

由来

「祟《たた》り」とは、神様《かみさま》に対《たい》して悪《わる》いことをしてしまったときに受《う》ける災《わざわ》いのこと。

対

墓穴《ぼけつ》を掘《ほ》る

藪《やぶ》をつついて蛇《へび》を出《だ》す

使い方

触《さわ》らぬ神《かみ》に祟《たた》りなしだ。機嫌《きげん》の悪《わる》そうなむぎのことは放《ほう》っておこう。

ぷんすこ
今《いま》はそっとしておこう…

柳《やなぎ》の下《した》にいつもどじょうはいない

偶然幸運《ぐうぜんこううん》なことがあったからといって、いつも同《おな》じ方法《ほうほう》で幸運《こううん》を掴《つか》めるわけではないというたとえ。

由来
柳《やなぎ》の木《き》の下《した》でどじょうを捕《つか》まえたとしても、いつもそこにどじょうがいるわけではないということから。

使い方

昨日《きのう》おもちゃがあった場所《ばしょ》に、今日《きょう》はない。**柳《やなぎ》の下《した》にいつもどじょうはいない**のだな。

キョロ
キョロ
あれ？ 昨日《きのう》はここに
おもちゃがあったのに…。

灯《とう》台《だい》下《もと》暗《くら》し

身近《みじか》なことにはかえって注意《ちゅうい》が行《い》き届《とど》かず、案外《あんがい》わからないというたとえ。

類

近《ちか》くで見《み》えぬはまつげ

足《あし》元《もと》の鳥《とり》は逃《に》げる

使い方

つむは自分《じぶん》の下《した》にいるマロを探《さが》し回《まわ》っている。灯《と》台《うだい》下《も》暗《とくら》しだ。

二兎《にと》を追《お》う者《もの》は一兎《いっと》も得《え》ず

同時《どうじ》に二《ふた》つの物事《ものごと》をしようと欲張《よくば》っても、結局《けっきょく》はどちらも失敗《しっぱい》してしまう。

使い方

つむとマロと一緒《いっしょ》に遊《あそ》ぼうと思《おも》ったら、二人《ふたり》ともどこかへ行《い》ってしまった。二兎《にと》を追《お》う者《もの》は一兎《いっと》も得《え》ずだ。

欲張《よくば》っちゃダメだよ。
二人《ふたり》と遊《あそ》びたいって？

仏《ほとけ》の顔《かお》も三度《さんど》

どんなに温和《おんわ》な人《ひと》でも、たびたび酷《ひど》いことをされたら、最後《さいご》には怒《おこ》る。

使い方

イタズラばかりしていたら、やさしいママを怒《おこ》らせてしまった。やっぱり、仏《ほとけ》の顔《かお》も三度《さんど》なんだな。

いい加減《かげん》にしないと怒《おこ》るよ！

ローマは一日《いちにち》にして成《な》らず

大《おお》きなことを成《な》し遂《と》げるためには、長《なが》い間《あいだ》努力《どりょく》することが大切《たいせつ》である。

由来

「ローマ」とは、昔《むかし》、イタリアを中心《ちゅうしん》に大《おお》きな領土《りょうど》を持《も》って ヨーロッパ全体《ぜんたい》に勢《いきお》いを振《ふ》るったローマ帝国《ていこく》のこと。

使い方

ローマは一日《いちにち》にして成《な》らずと言《い》うし、僕《ぼく》たちも一《ひと》つずつ いろんなことを覚《おぼ》えながら、のんびり大《おお》きくなろう。

後悔《こうかい》先《さき》に立《た》たず

物事《ものごと》が終《お》わってから悔《く》やんでも仕方《しかた》ないので、ことの最中《さいちゅう》に最善《さいぜん》を尽《つ》くすべきだ。

使い方

後悔先《こうかいさき》に立《た》たずと言《い》うから、猫《ねこ》パンチ大会《たいかい》に向《む》けて今日《きょう》から練習《れんしゅう》しよう。

今日《きょう》からやるぞ!
しゅしゅっ

瓜田《かでん》に履《くつ》を納《い》れず

人《ひと》に疑《うたが》いを持《も》たれるようなことはしないほうがよいという戒《いまし》め。

使い方

瓜田《かでん》に履《くつ》を納《い》れず。疑《うたが》われないように、おやつの袋《ふくろ》には近《ちか》づかないようにしよう。

疑《うたが》わしいことは
しないのです。

もっと知《し》りたい!

食《た》べ物《もの》に関《かん》することわざ・慣用句《かんようく》

腹《はら》が減《へ》っては戦《いくさ》ができぬ

意味 おなかが空《す》いていては力《ちから》が入《はい》らないので、よい仕事《しごと》ができない。何《なに》をするにも、まず腹《はら》ごしらえをしてからにしたほうがよいというたとえ。

使い方 **腹《はら》が減《へ》っては戦《いくさ》ができぬ。**しっかりごはんを食《た》べて、今日《きょう》もがんばろう。

武士《ぶし》は食《く》わねど高楊枝《たかようじ》

意味 たとえ貧《まず》しくても物欲《ものほ》しそうにせず、誇《ほこ》り高《だか》くふるまう。弱《よわ》みを見《み》せず、気《き》位《くらい》を高《たか》く持《も》つことのたとえ。

由来 「上方《かみがた》いろはかるた」にある言葉《ことば》。貧《まず》しくてあまり食《た》べられなくても、おなかいっぱいかのようにふるまい、楊枝《ようじ》を使《つか》う武士《ぶし》のプライドを意味《いみ》する。

使い方 彼《かれ》は怒《おこ》られても平然《へいぜん》としていたが、**武《ぶ》士《し》は食《く》わねど高楊枝《たかようじ》**で、きっと強《つよ》がっているんだろう。

同《おな》じ釜《かま》の飯《めし》を食《く》う

意味 親族《しんぞく》でない他人《たにん》であるが、同《おな》じ釜《かま》で炊《た》いたごはんを食《た》べて、一緒《いっしょ》に生活《せいかつ》をした親《した》しい間柄《あいだがら》であるというたとえ。

使い方 彼《かれ》とは**同《おな》じ釜《かま》の飯《めし》を食《く》っ**た仲《なか》だ。

花《はな》より団子《だんご》

意味 見《み》た目《め》の美《うつく》しさを楽《たの》しむより実際《じっさい》の利《り》益《えき》を重《おも》んじるたとえ。

由来 「江戸《えど》いろはかるた」にある言葉《ことば》。美《うつく》しい桜《さくら》の花《はな》を見《み》るより、団子《だんご》を食《た》べるほうがよいということから。

関連語 (類) 名《な》を捨《す》てて実《じつ》を取《と》る

使い方 お花見《はなみ》をしたが、**花《はな》より団子《だんご》**で、つむは咲《さ》き乱《みだ》れる桜《さくら》の木《き》を尻目《しりめ》におやつを食《た》べていた。

絵《え》に描《か》いた餅《もち》

意味　計画《けいかく》だけで、実現《じつげん》できないことのたとえ。

関連語
類　机上《きじょう》の空論《くうろん》
　　畳《たたみ》の上《うえ》の水練《すいれん》

使い方　すばらしいアイデアだけど、**絵《え》に描《か》いた餅《もち》**にならないよう、しっかり作戦《さくせん》を練《ね》っていこう。

胡麻《ごま》をする

意味　自分《じぶん》の利益《りえき》を考《かんが》えて人《ひと》にお世辞《せじ》を言《い》ったり、機嫌《きげん》をとったりする。

関連語
類　味噌《みそ》をする

使い方　自分《じぶん》の計画《けいかく》がうまくいくように、せっせと上《うえ》の人《ひと》に**胡麻《ごま》をする**。

甘《あま》い汁《しる》を吸《す》う

意味　自分《じぶん》は何《なん》の苦労《くろう》もしないで、人《ひと》を利用《りよう》して利益《りえき》を得《え》る。

使い方　正義感《せいぎかん》の強《つよ》いつむは**甘《あま》い汁《しる》を吸《す》お**うとする猫《ねこ》を許《ゆる》せない。

豆腐《とうふ》にかすがい

意味　手応《てごた》えや効《き》き目《め》がないことのたとえ。

使い方　むぎに、おもちゃを出《だ》しっぱなしにしないでと何度《なんど》注意《ちゅうい》しても改善《かいぜん》されない。**豆腐《とうふ》にかすがい**だ。

何回注意したら
わかるの？
えっ、なにー？

鳶《とんび》に油揚《あぶらあ》げをさらわれる

意味　自分《じぶん》が手《て》に入《い》れようとしていたものを不意《ふい》に奪《うば》われて呆然《ぼうぜん》とする。

使い方　あとでゆっくり食《た》べようと思《おも》ってとっておいたおやつを誰《だれ》かにとられた。**鳶《とんび》に油揚《あぶらあ》げをさらわれた**気分《きぶん》だ。

瓜《うり》の蔓《つる》に茄子《なす》はならぬ

意味　平凡《へいぼん》な親《おや》からはすぐれた才能《さいのう》を持《も》った子《こ》は生《う》まれないことのたとえ。

由来　瓜《うり》の蔓《つる》には瓜《うり》しかならないことから。

関連語
類　蛙《かえる》の子《こ》は蛙《かえる》
対　鳶《とんび》が鷹《たか》を産《う》む

使い方　**瓜《うり》の蔓《つる》に茄子《なす》はならぬ**と言《い》うが、自分《じぶん》の子《こ》どもはピアノの才能《さいのう》があると思《おも》う。

history

つむチャンネル。の歴史《れきし》

2019年《ねん》9月《がつ》17日《にち》に生《う》まれたつむ。縁《えん》があって飼《か》い主《ぬし》さんのおうちにやってきました。おてんばで甘《あま》えん坊《ぼう》な性格《せいかく》は小《ちい》さなころから。そんなつむが結婚《けっこん》し、出産《しゅっさん》。マロやむぎが生《う》まれます。今《いま》は3匹《びき》で毎《まい》日楽《にちたの》しく生活中《せいかつちゅう》です！

つむがおうちにやってきた！

2019年《ねん》11月《がつ》

さみしがり屋《や》でおてんばな性格《せいかく》

飼《か》い主《ぬし》さんに甘《あま》えるのも日課《にっか》

飼《か》い主《ぬし》さんの実家《じっか》に住《す》むコロです！

つむがコロちゃんと結婚《けっこん》

2020年《ねん》9月《がつ》

2020年《ねん》10月《がつ》

マロやむぎのママになりました！

すくすく成長《せいちょう》したマロとむぎ

のびのび過《す》ごしたり

3匹《ひき》で楽《たの》しく暮《く》らしています！

ときには喧嘩《けんか》もするけれど…

2023年《ねん》2月《がつ》

著者　つむチャンネル。

3匹の猫、つむ、マロ、むぎの日常を綴るYouTubeチャンネル。それぞれの個性溢れる仕草が視聴者の心を捉え、2023年1月現在、登録者数は21.6万人にのぼる。

監修　吉田裕子（よしだ・ゆうこ）

国語講師。東京大学教養学部卒。大学受験Gnoble、カルチャースクール、企業研修などで講師を務めるほか、NHKEテレ「知恵泉」に出演するなど、古典や日本語にかかわる仕事の実績多数。著書・監修書に、10万部を突破した著書『大人の語彙力が使える順できちんと身につく本』（かんき出版）など。

Staff

デザイン	竹崎真弓（株式会社ループスプロダクション）
イラスト	松山彩夏（Ayaka.M）
DTP	竹崎真弓（株式会社ループスプロダクション）
編集協力	出口夢々（株式会社ループスプロダクション）

一生《いっしょう》ものの表現力《ひょうげんりょく》が身《み》につく

にゃんこ ことわざ・慣用句《かんようく》

2023年3月10日　第1刷発行

著　者　つむチャンネル。
監　修　吉田裕子《よしだゆうこ》
発行者　吉田芳史
印刷所　図書印刷株式会社
製本所　図書印刷株式会社
発行所　株式会社 日本文芸社
〒100-0003
東京都千代田区一ツ橋1-1-1　パレスサイドビル8F
TEL 03-5224-6460（代表）

Printed in Japan
112230222-112230222 Ⓝ01（090017）
ISBN978-4-537-22079-7

（編集担当：藤井）

内容に関するお問い合わせは、
小社ウェブサイトお問い合わせフォームまでお願いいたします。
https://www.nihonbungeisha.co.jp/